AARON KOENIG

CRYPTO COINS

CRYPTO COINS

Investieren in digitale Währungen

FBV

AARON KOENIG

Bibliografische Information der Deutschen Nationalbibliothek
Die Deutsche Nationalbibliothek verzeichnet diese Publikation in der Deutschen Nationalbibliografie; detaillierte bibliografische Daten sind im Internet über **http://d-nb.de** abrufbar.

Für Fragen und Anregungen:
info@finanzbuchverlag.de

1. Auflage 2017
© 2017 by FinanzBuch Verlag,
ein Imprint der Münchner Verlagsgruppe GmbH
Nymphenburger Straße 86
D-80636 München
Tel.: 089 651285-0
Fax: 089 652096

Alle Rechte, insbesondere das Recht der Vervielfältigung und Verbreitung sowie der Übersetzung, vorbehalten. Kein Teil des Werkes darf in irgendeiner Form (durch Fotokopie, Mikrofilm oder ein anderes Verfahren) ohne schriftliche Genehmigung des Verlages reproduziert oder unter Verwendung elektronischer Systeme gespeichert, verarbeitet, vervielfältigt oder verbreitet werden.

Die im Buch veröffentlichten Ratschläge wurden von Verfasser und Verlag sorgfältig erarbeitet und geprüft. Eine Garantie kann jedoch nicht übernommen werden. Ebenso ist die Haftung des Verfasser beziehungsweise des Verlages und seiner Beauftragten für Personen-, Sach- und Vermögensschäden ausgeschlossen.

Redaktion: Judith Engst
Korrektorat: Ulrike Kroneck
Umschlaggestaltung: Aaron Koenig
Satz: Carsten Klein, München
Druck: GGP Media GmbH, Pößneck
Printed in Germany

ISBN Print 978-3-95972-064-9
ISBN E-Book (PDF) 978-3-96092-106-6
ISBN E-Book (EPUB, Mobi) 978-3-96092-107-3

Weitere Informationen zum Verlag finden Sie unter

www.finanzbuchverlag.de
Beachten Sie auch unsere weiteren Verlage unter www.m-vg.de

Inhalt

Vorwort 9

Einleitung 14
   Das herrschende Geldsystem 14
   Finanzwelt im Umbruch 16

1. Die 20-Millionen-Dollar-Pizza
Ein historischer Tag in New York City 21
   1.1 Zwei Pizzas für 10.000 Bitcoins 22
   1.2 Im digitalen Goldrausch 24
   1.3 Das Ende der Blocksize-Debatte? 26

2. Schürf mir einen Block, Satoshi!
Die Grundlagen der Cryptocoins 30
   2.1 Öffentliche und private Schlüssel 32
   2.2 Blockchains 34
   2.3 Mining 36
   2.4 Proof of Work/Proof of Stake 39
   2.5 Hashing 40
   2.6 Peer-to-Peer-Prinzip 43
   2.7 Open Source 44
   2.8 Dezentralität 46
   2.9 Smart Contracts 47
   2.10 Initial Coin Offering (ICO) 49

3. Einstieg ins Cryptoversum
Praktische Tipps für Anfänger 52
   3.1 Wallets 52
   3.2 Sichere Speicherung 58
   3.3 Cryptocoins erwerben 64
   3.4 Portfolio-Management 72

3.5 Mit Cryptocoins einkaufen.......................... 74
3.6 Aktuelle Informationen 76

4. In einer Sekunde um die Welt
Cryptocoins für weltweite Zahlungen 79

4.1 Bitcoin 79
4.2 Litecoin 90
4.3 Dash 94
4.4 Monero 100
4.5 NEM 105
4.6 Zur Auswahl der globalen Bezahlcoins................ 109

5. Global denken, lokal handeln
Cryptocoins für lokale Zahlungen.................... 111

5.1 Auroracoin... 112
5.2 Weitere »Nationalcoins« 115
5.3 Gulden... 117
5.4 Tel Aviv Schekel 119
5.5 Liverpool Local Pound.............................. 122
5.6 Zur Auswahl der lokalen Bezahlcoins................. 124

6. Nutzung nur für Eigentümer
Cryptocoins für besondere Dienste................... 125

6.1 Ethereum... 125
6.2 Safecoin 130
6.3 Golem.. 133
6.4 Augur 136
6.5 Steem 139
6.6 Zur Auswahl der Appcoins 146

7. Auf zum Mond!
Geld verdienen mit Cryptocoins 147

7.1 Langfristige Anlage 148
7.2 Arbitrage Trading................................... 149

7.3 Coin Trading... 150
7.4 Margin Trading und Kreditvergabe.................... 152
7.5 Mining-Verträge....................................... 153
7.6 Cryptofonds 156

8. Vorsicht, Ponzicoin!
Woran Sie Betrugsmodelle erkennen 164

8.1 Falsche Cryptocoins 165
8.2 Technisch echte Cryptocoins ohne Wert 166
8.3 Betrügerische Tokens 167
8.4 Pump-and-Dump 167
8.5 Multi-Level-Marketing................................ 169

9. Die Crypto-Revolution
Über die Dezentralisierung der Welt................ 171

9.1 Die Blockchain macht's möglich 173
9.2 Das Ende des staatlichen Geldmonopols............... 174
9.3 Dezentrale Nationen.................................. 175

Glossar 180

Bildnachweis 185

Danksagungen 187

Anmerkungen 188

Vorwort

Prof. Thorsten Polleit

Geld, das allgemein akzeptierte Tauschmittel, ist eine großartige Erfindung. Ohne Geld wäre eine moderne Volkswirtschaft nicht durchführbar. Erst das Verwenden von Geld erlaubt eine feingliedrige Arbeitsteilung, die die Ergiebigkeit der Produktion und damit den Wohlstand der Menschen erhöht. Und indem das Geld eine immer engere wirtschaftliche Verflechtung begünstigt, national wie international, entfaltet das Geld auch eine friedenstiftende Wirkung: Menschen, die arbeitsteilig eng miteinander verbunden sind, sehen sich nicht als Feinde, sondern als gegenseitig nützlich und hilfreich in der Bewältigung der Lebensherausforderungen.

Allerdings muss das Geld »gut« sein, damit es seine wohlstands- und friedensfördernde Wirkung auch entfalten kann. Und genau an dieser Stelle offenbart sich ein großes Problem in allen Volkswirtschaften der Welt. Denn das Geld, das heutzutage überall verwendet wird, ist kein gutes Geld. Es ist vielmehr »Fiat-Geld«. (Der Begriff »Fiat« stammt aus dem Lateinischen und bedeutet: »So sei es.« Fiat-Geld lässt sich auch als Zwangsgeld verstehen). Ob US-Dollar, Euro, chinesischer Renminbi oder Schweizer Franken: Sie stellen allesamt Fiat-Geld dar.

Fiat Geld zeichnet sich durch drei Eigenschaften aus. (1) Fiat-Geld ist staatliches Zwangsmonopolgeld. Es wird von staatlichen Zentralbanken produziert, die das alleinige Recht haben, Geld zu produzieren. (2) Fiat-Geld ist intrinsisch wertlos, es hat die

Form von mit Tinte bedruckten Papierzetteln (genau genommen handelt es sich um Baumwollstücke) und Einträgen auf Computerfestplatten (»Bits and Bytes«). (3) Fiat-Geld wird durch Bankkreditvergabe produziert, durch Kredite, die nicht durch »echte Ersparnis« gedeckt sind; Fiat-Geld wird »ex nihilo« geschaffen.

Fiat-Geld leidet unter einer Reihe von ökonomischen und ethischen Defiziten. Es ist inflationär, es verliert seine Kaufkraft im Zeitablauf, weil die Zentralbanken es fortlaufend vermehren. Fiat-Geld sorgt zudem für eine nicht marktkonforme (Um-)Verteilung von Einkommen und Vermögen, schafft Gewinner und Verlierer – und es erweist sich als sozial ungerecht, weil in der Regel die kleinen und mittleren Einkommensverdiener die Geschädigten sind. Auch die gefürchteten Wirtschaftskrisen, die Boom-Bust-Zyklen, sind unmittelbare Folge des Fiat-Geldes.

Doch damit nicht genug: Das Fiat-Geld treibt die Volkswirtschaften in die Verschuldungsfalle. Verlockt durch niedrige Zinsen, für die die Zentralbanken sorgen, wirtschaften Unternehmen, Konsumenten und vor allem die Staaten zusehends auf Pump. Doch leider wachsen die Kreditschulden im Zeitablauf schneller an, als die Einkommen zulegen. Folglich steigen die Schuldenlasten der Volkswirtschaften immer weiter an, wie sich nahezu überall auf der Welt eindrücklich zeigt. Am Ende stehen vermutlich Schuldenkollaps, Wirtschaftskrise, Entwertung des Fiat-Geldes.

Und nicht zuletzt wuchert der Staat in einem Fiat-Geldregime immer weiter aus. Er kann sich nämlich auf dem Kreditweg das benötigte Geld problemlos besorgen. Die Regierenden erkaufen sich damit Wählergunst und Wiederwahl, indem sie großzügig finanzielle Wohltaten austeilen. Die staatlichen Tätigkeiten weiten sich immer weiter aus, verdrängen zusehends die private Initiative. Das Wirtschafts- und Gesellschaftsleben wird zusehends verstaatlicht. Immer mehr Menschen werden finanziell abhängig vom Staat, werden zu Almosenempfängern. So gesehen zerstört das Fiat-Geld auch die freie Marktwirtschaft und mit ihr die unternehmerische und bürgerliche Freiheit.

Vor diesem Hintergrund ist das Aufkommen und Verbreiten der Kryptowährungen ein wahrer Segen, eine geradezu heilversprechende Entwicklung. Was sich aktuell vor unseren Augen abspielt, ist ein produktiver Wettbewerb des Geldes. In der Welt der Kryptowährungen gibt es keine zentrale Instanz mehr, die die Geldproduktion zwangsmonopolisiert und für ihre Zwecke einsetzt beziehungsweise missbraucht. Vielmehr herrscht für alle vollständige Freiheit, gutes Geld anzubieten. Geldbenutzer haben volle Freiheit, das Geld zu verwenden, das ihren Bedürfnissen am besten entspricht. Kein Zweifel, der freie Markt kann – und wird, wenn man ihn lässt – gutes Geld hervorbringen.

Die Entwicklung der Kryptowährungen hat erst begonnen. Noch ist ihre Verbreitung – im Vergleich mit den staatlichen Fiat-Währungen – recht gering. Auch reicht die Leistungsfähigkeit des Bitcoin-Zahlungsverkehrs noch nicht an die der offiziellen Fiat-Währungen heran. Zudem gibt es auch noch keinen Kapitalmarkt für in Kryptowährungen ausgewiesene Finanzmarktprodukte, auf dem gespart und investiert werden könnte. Doch all das wird sich wohl entwickeln: Treibende Kraft ist das Bestreben der Kryptowährungs-Gemeinde, besseres Geld zu schaffen, und eine wachsende Zahl von Bitcoin-Verwendern, die in der Idee der Kryptowährung das bessere Geld erblicken.

Nicht zu vergessen ist an dieser Stelle, dass die Blockchain-Technologie, die der bislang bekanntesten Kryptowährung Bitcoin zugrundeliegt, auch viele weitere Anwendungsmöglichkeiten bereithält. Die mit ihr verbundene Dezentralisierung und Anonymisierung von Transaktionen wird vermutlich noch eine revolutionäre Entwicklung in der Produktions- und Arbeitswelt in Gang setzen. Die Blockchain-Technologie macht vieles, was bislang undenkbar war, möglich: Ob nun Wertpapiertransaktionen, Grundbucheintragung, Heiratsurkunden, Arbeits- und Kaufverträge oder anders mehr – alles wird abgewickelt ohne Mittelsmänner oder ungebetene Zuschauer zu niedrigsten Kosten.

Sollten die Staaten durch die Verbreitung von Kryptowährungen ihr Zwangsmonopol der Geldproduktion verlieren – und ein solches Szenario ist keinesfalls von der Hand zu weisen –, kommt das weitestgehend ihrer Entmachtung gleich; nach dem Motto »Technologie obsiegt über Herrschaftsmacht«. In der »dezentralen Revolution«, in der Kryptowährungen umlaufen, verliert der Staat nicht nur seine finanzielle Stärke. Er büßt auch die Kontrolle über Bürger und Unternehmen in vielen Bereichen ein: Die Machtprinzipien Zwang und Gewalt werden ersetzt durch die Koordinationsprinzipien Freiwilligkeit und Vertragslösung. Eine geschichtlich gesehen atemberaubende Perspektive für die menschliche Kooperation.

Kryptowährungen haben, und das ist höchst erfreulich, längst ihr »Underground-Image« abgelegt. Dazu haben vor allem auch diejenigen beigetragen, die die Idee der Kryptowährung der breiten Öffentlichkeit bekanntgemacht und erklärt haben. Zu ihnen zählt in Deutschland insbesondere Aaron Koenig. Schon mit *Bitcoin – Geld ohne Staat* (2015) hat er ein Buch vorgelegt, das den Leser in kundiger, unterhaltender und verständlicher Form in die Welt der Kryptowährungen einführt, das die zugrundeliegende Blockchain-Technologie erklärt und das nicht zuletzt auch dem Leser verständlich macht, warum der Weg zur Kryptowährung der Weg zum besseren Geld ist.

In dem vorliegenden Buch gibt Aaron Koenig seinen Lesern einen umfassenden Einblick in den jüngsten Entwicklungsstand des Kryptowährungs-Universums. Aaron Koenig erklärt nicht nur in verständlichen Worten die vielen, üblicherweise aus dem Englischen stammenden Fachbegriffe und arbeitet die Eigenschaften der verschiedenen Kryptowährungs-Kandidaten heraus (neben Bitcoin sind das Ethereum, Litecoin, Dash, Monero und andere). Der Leser erfährt auch, ganz praxisorientiert, wie man Kryptowährungen kauft, speichert, sichert und mit ihnen zahlt. Kurzum: Aaron Koenig hat wieder ein aufklärerisches und höchst hilfreiches Buch geschrieben, von dem ich hoffe, dass es eine möglichst große Leserschaft findet. Denn ich bin recht sicher, dass die Leser so wie ich sagen werden: Die Lektüre lohnt sich, ich habe viel dazugelernt!

Thorsten Polleit, Königstein im Taunus, Juli 2017
Honorarprofessor für Volkswirtschaftslehre an der Universität Bayreuth

Einleitung

Seit Satoshi Nakamoto im Jahr 2008 den Bitcoin erfand[1], sind viele hundert neue Währungen auf den Markt gekommen, die ähnlich funktionieren. Sie kommen ohne Banken oder sonstige Mittelsmänner aus und ermöglichen kostengünstige Zahlungen direkt von Mensch zu Mensch.

Meistens werden diese neuen Geldformen als *Kryptowährungen* oder *Cryptocoins* bezeichnet, doch »kryptisch« ist an ihnen nur, dass sie Verschlüsselungstechnologie nutzen. Rätselhaft oder geheimnisvoll ist an ihnen dagegen nichts. Ihre Grundlagen sind relativ einfach zu verstehen.

Das herrschende Geldsystem

Die Bezeichnung »kryptisch« verdient eher das herkömmliche Geldsystem. Wer weiß schon, dass Banken Geld aus dem Nichts schaffen können? Wer kennt schon die genaue Rolle und die Eigentümerstruktur der Zentralbanken? Wer kann die Entscheidungen nachvollziehen, die von den Mitgliedern der Finanzaristokratie hinter verschlossenen Türen gefällt werden?[2]

Von Henry Ford stammt das Zitat »Würden die Menschen das Geldsystem verstehen, hätten wir eine Revolution noch vor morgen früh.«[3] Bitcoins Schöpfer Satoshi Nakamoto hat die Probleme des herrschenden Geldsystems sehr wohl verstanden und mit seiner Erfindung eine Revolution ausgelöst, die Wirtschaft und Gesellschaft tiefgreifend verändern wird.

Das bestehende Geldsystem, das auf einem staatlichen Monopol fußt, richtet großen Schaden an. Das Geld wird in diesem System durch die Ausweitung der Geldmenge (auch Inflation genannt) absichtlich entwertet. Die Inflation wirkt wie eine heimliche Steuer, die der Staatsfinanzierung dient und die Einkommen und Ersparnisse der Bürger auffrisst. Durch die Geldentwertung findet eine Umverteilung von der arbeitenden Bevölkerung zu denjenigen statt, die nah an der Quelle des staatlichen Geldes sitzen, also Regierungen, Banken und staatsnahe Großkonzerne. In meinem Buch *Bitcoin – Geld ohne Staat* habe ich diese Kritik der Wiener Schule der Volkswirtschaft am Geldsystem ausführlich dargelegt.[4]

Wirtschaftsexperten der Wiener Schule wie Ludwig von Mises oder Friedrich August von Hayek waren entschiedene Gegner des »Geldsozialismus«, in dem der Staat die Kontrolle über das Geld hat. Wirtschaftsnobelpreisträger Hayek schlug bereits 1976 die Einführung eines freien Wettbewerbs der Währungen und eine »Entstaatlichung des Geldes« vor.[5]

Doch die meisten Menschen beschäftigen sich nicht mit scheinbar komplizierten Themen wie dem Geldsystem. Sie vertrauen ihre Ersparnisse immer noch den Banken an – und werden dort mit Minimalzinsen abgespeist, die unter der Inflationsrate liegen.

Die »Masters of the Universe«, wie sich die Angehörigen der Finanzelite in aller Bescheidenheit nennen, spekulieren hingegen auf Pump mit Milliardenbeträgen. Unabhängig von ihrem Erfolg streichen sie Boni in Millionenhöhe ein. Und wenn es einmal richtig schief läuft, können sie immer damit rechnen, mit Steuergeldern gerettet zu werden.

Die Einstiegshürden in die etablierte Finanzwelt sind hoch. Banklizenzen und Börsenplätze kosten horrende Summen. Banken und Finanzdienstleister arbeiten eng mit den staatlichen Regulierungsbehörden zusammen, um die Hürden weiter zu erhöhen und sich auf diese Weise lästige Konkurrenz vom Leib zu halten.

Die Welt der Cryptocoins ist eine völlig andere. Die Spielregeln sind hier klar und die Einstiegshürden niedrig. Man benötigt keine Erlaubnis, keine teure Ausbildung und nur wenig Kapital, um in Cryptocoins zu investieren. Eine Kungelei zwischen Staat und mächtigen Marktteilnehmern findet nicht statt. Es herrscht freier Wettbewerb, in dem jeder die gleichen Chancen hat.

Finanzwelt im Umbruch

Die Gewinne, die man zurzeit mit Cryptocoins erzielen kann, sind verblüffend hoch. Bitcoin ist von rund drei US-Dollar im Dezember 2011 auf rund 3000 US-Dollar im Juni 2017 gestiegen. Der Kurs von *Dash* stieg von ca. vier US-Dollar im August 2015 auf über 200 Dollar im Juni 2017. Der Kurs von *Ethereum* schoss in der gleichen Zeit von ca. zwei Dollar auf rund 400 Dollar hoch.[6] Von solchen Wachstumsraten können Besitzer von Aktien oder Staatsanleihen nur träumen. Doch wir haben es hier mitnichten mit einer kurzlebigen Spekulationsblase zu tun, wie man denken könnte. Vielmehr befinden wir uns mitten in einem Paradigmenwechsel.

Wir erleben gerade, wie das alte, zentralistische Geldsystem durch einen freien Wettbewerb privater Währungen abgelöst wird. Vielleicht setzen sich dabei einige der heute bekannten Cryptocoins durch – vielleicht werden das aber auch welche sein, die noch gar nicht auf dem Markt sind. Der Markt für Geldzahlungen ist jedenfalls riesig. Wenn in Zukunft Milliarden von Menschen mit Bitcoins, Dash, Monero oder anderen digitalen

Währungen zahlen werden, addieren sich selbst minimale Transaktionsgebühren zu hohen Umsätzen.

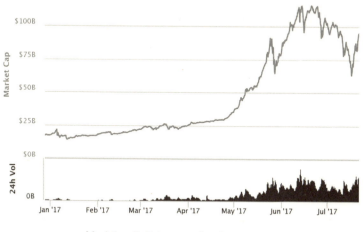

Marktkapitalisierung aller Cryptocoins

Darüber hinaus gibt es viele Coins, die nicht als allgemeine Zahlungsmittel konzipiert sind. Man benötigt sie, um zum Beispiel *Smart Contracts* (»Intelligente Verträge«) abzuschließen, um Daten dezentral zu speichern oder Rechenzeit zu buchen. Diese sogenannten *Appcoins* oder *Tokens* werden viele komplett neue Produkte und Dienstleistungen möglich machen.

Angesichts dieser Wachstumschancen können die exorbitanten Preissteigerungen von Cryptocoins durchaus gerechtfertigt sein. Eine Investition in den »richtigen« Cryptocoin ist mit der Investition in die Aktie eines Unternehmens zu vergleichen, das einen neuen Markt schafft oder einen bestehenden radikal verändert, wie etwa Apple, Google oder Facebook.

Das Weltwirtschaftsforum (*World Economic Forum*, kurz WEF) schätzt, dass im Jahr 2025 rund 10 % des weltweiten

Bruttoinlandsprodukts (GDP) auf Blockchains, also in Form von Cryptocoins gespeichert sein wird.[7] Die Marktkapitalisierung aller Cryptocoins würde somit bei 10,1 Billionen US-Dollar liegen.[8] Zurzeit (Juli 2017) liegt die Marktkapitalisierung sämtlicher Cryptocoin, also die Zahl der verfügbaren Coins multipliziert mit ihrem Preis, bei rund 84 Milliarden US-Dollar. Wenn das WEF mit seiner Schätzung recht behält, wird dieser Wert in den nächsten acht Jahren um etwa das 120fache steigen. Ein Bitcoin würde dann rund 288.000 US-Dollar kosten.

Wo so hohe Gewinne zu erzielen sind, ist natürlich auch das Risiko hoch. Wer in Cryptocoins investieren möchte, sollte sich daher intensiv mit dem Thema beschäftigen – schon um die schwarzen Schafe, die es leider gibt, zu erkennen und sich vor ihnen zu schützen.

Bei Cryptocoins geht es darum, dass man niemandem mehr vertrauen muss: keiner Bank, keinem Vermögensverwalter, keinem Finanzminister. Jeder hat die volle Kontrolle über sein Geld – aber auch die volle Verantwortung dafür. Wenn einem Cryptocoins gestohlen werden, haftet keine Bank und kein Staat dafür. Ein gewisses Fachwissen ist daher notwendig, insbesondere, wenn es um das Thema Sicherheit geht.

Doch dieses Wissen kann sich jeder in relativ kurzer Zeit aneignen. Hier soll dieses Buch helfen. Es wendet sich vor allem an Neueinsteiger, die sich für Cryptocoins interessieren. Doch da der Markt sehr groß und unübersichtlich ist, kann es meiner Ansicht nach auch für den erfahrenen Crypto-Profi einige interessante Einsichten bringen.

Die vorliegende Publikation baut auf meinem Bitcoin-Buch auf, das im Finanzbuchverlag 2015 erschienen ist. Darin habe ich erklärt, warum wir eine neue Form von Geld ohne Staatsmonopol und ohne Banken brauchen. Das Ziel jenes Buches war es, die Kritik der Wiener Schule der Volkswirtschaft am Geldsystem auch für Laien begreiflich zu machen. Im vorliegenden Buch setze ich voraus, dass der Leser bereits weiß, was am herkömmlichen Geldsystem faul ist. Dafür werde ich umso mehr Wert darauf legen, gründlich zu erklären, was man über Bitcoin und die vielen anderen Cryptocoins wissen sollte.

Dabei werde ich eine Menge technische Begriffe erläutern, die man im Zusammenhang mit Cryptocoins immer wieder hört. Ich werde versuchen, das so einfach wie möglich zu tun. Aber keine Bange: Man muss sie nicht auswendig lernen. Sie können dieses Buch gern auch als Nachschlagewerk nutzen.

Tauchen wir zunächst in die Welt der Cryptocoins ein – mit einem Besuch in New York City am *Bitcoin Pizza Day*.

1. Die 20-Millionen-Dollar-Pizza

Ein historischer Tag in New York City

Punkt Mitternacht im VNYL-Club in Manhattan. Mehrere hundert Cryptocoin-Fans aus aller Welt haben sich hier versammelt, um in einen historischen Tag hineinzufeiern: den *Bitcoin Pizza Day*. Die Stimmung ist ausgelassen. Der DJ spielt *Sex Machine* von James Brown und *Kiss* von Prince.

Plötzlich stürmen grell geschminkte Drag Queens und Gogo-Girls in bizarren Pizza-Kostümen den Saal. Belegt mit Salami, Zucchini und Tomaten tanzen sie auf der Bar, auf der kleinen Bühne und mitten im Publikum. Die Menge tobt. Rodolfo Andragnes aus Buenos Aires, der Initiator dieser Party, wirft ein großes aufblasbares Pizza-Stück ins Publikum, das dankbar damit Volleyball spielt.

Bitcoin-Unternehmer Brock Pierce aus San Francisco, der die Party mit ihm organisiert hat, trägt eine silberne Kappe und tanzt wild mit den Drag Queens. Sie versuchen, sich sexy zu bewegen, was in ihren unförmigen Pizza-Uniformen nicht ganz einfach ist.

Was sind das für Verrückte? Was wird hier gefeiert? Was ist dieser ominöse 20-Millionen-Dollar-Pizza-Tag, den der Party-Flyer ankündigt?

1.1 Zwei Pizzas für 10.000 Bitcoins

Am 22. Mai 2010 wurde zum ersten Mal ein reales Gut für Bitcoins gekauft. Wie man es von einer Währung erwarten kann, die zunächst vor allem bei Computer-Freaks beliebt war, handelte es sich um deren bevorzugtes Nahrungsmittel: Pizza. Der Software-Entwickler Laszlo Hanyecz aus Florida bot im Internet-Forum *bitcointalk.org* 10.000 Bitcoins für denjenigen, der ihm zwei Pizzas bestellte.[9] Jeremy »Jercos« Sturdivant ging auf den Deal ein und bestellte ihm mit seiner Kreditkarte zwei Pizzas.[10] Seitdem feiert die weltweite Bitcoin-Community am 22. Mai den *Bitcoin Pizza Day*.

Mittlerweile gibt es Hunderttausende von Online-Shops, die Bitcoins direkt akzeptieren, und kaum etwas, was man nicht für Bitcoin kaufen könnte. Doch damals war der Kauf einer realen Ware für Laszlo Hanyecz etwas ganz Besonderes. Die Bitcoins hatte er an seinem Computer selbst erzeugt. Etwas so Reales wie Pizza mit digitalen Münzen zu kaufen, nach denen man selbst im Internet »schürfen« kann, war 2010 noch völlig neu. Der Bitcoin-Preis betrug damals Bruchteile eines Cents. Laszlos Angebot lag umgerechnet bei ungefähr 40 US-Dollar. Kein schlechter Preis für zwei Pizzas, doch ein Schnäppchen, wenn man es mit der Entwicklung der folgenden Jahre vergleicht. Ein Jahr später waren die 10.000 Bitcoins schon mehr als 10.000 Dollar wert. Anfang Januar 2017 hätte er dafür 10 Millionen Dollar bekommen.

1.1 Zwei Pizzas für 10.000 Bitcoins

Brock Pierce

1. Die 20-Millionen-Dollar-Pizza

Am 21. Mai 2017 durchbrach der Bitcoin-Preis die historische Marke von 2.000 US-Dollar. Die beiden Pizzas hätten also 20 Millionen Dollar gekostet. Dies ist für die Bitcoin-Community ein weiterer Grund zu feiern. Viele, die hier in New York im Pizza-Rausch tanzen, sind durch Bitcoin reich geworden. Allein seit Januar 2017 hat sich der Bitcoin-Preis und damit ihr Vermögen verdoppelt. Der erst am Vortag entworfene »20-Millionen-Dollar«-Flyer ist bereits um Mitternacht nicht mehr aktuell, als der Bitcoin auf 2.200 Dollar springt. Doch was sind schon 2 Millionen Dollar mehr oder weniger an so einem historischen Tag?

1.2 Im digitalen Goldrausch

Die vielen Menschen aus aller Welt, die in dieser Nacht im VNYL feiern, sind für eine große Konferenz nach New York gekommen.

1.2 Im digitalen Goldrausch

Mit mehr als 2.000 Teilnehmern aus über 20 Ländern ist die *Consensus 2017* die bisher größte Konferenz für Cryptowährungen und Blockchain-Technologie. Auf mehreren Stockwerken des Marriott-Hotels am Times Square präsentieren sich Sponsoren wie Citibank, Deloitte, Microsoft oder IBM. Zur allerersten Bitcoin-Konferenz, die im August 2011 ebenfalls in New York stattfand, kamen gerade einmal 50 Leute.[11] Viele von ihnen leiten heute erfolgreiche Start-ups und sind Sprecher auf der *Consensus*.

»Man sieht mittlerweile viele Anzüge und wenig Kapuzenpullis«[12], sagt James Prestwich von Storj, der eigentlich hofft, auf der Konferenz Entwickler für sein Projekt anzuheuern. Mit Storj kann man Daten dezentral speichern. Ein Storj-Coin steht gerade zum Verkauf für Investoren. Rund 30 Millionen Dollar sind dadurch bereits zusammengekommen.

Fast jeder auf dieser Konferenz scheint gerade an seinem *Initial Coin Offering* (kurz: ICO) zu arbeiten. Das ist viel einfacher als ein Börsengang: Man bringt seinen eigenen Coin heraus, über den Investoren am zukünftigen Erfolg des Unternehmens beteiligt sind. Bei den letzten ICOs wurden so in Minuten mehrstellige Millionenbeträge eingenommen. Zu sagen, dass in der Cryptobranche Goldgräberstimmung herrscht, wäre eine grobe Untertreibung. Der Dot-Com-Rausch der späten Neunziger ist nichts gegen das, was zurzeit abgeht. Doch wird der Cryptoboom bald ebenso in sich zusammenfallen? Handelt es sich dabei nur um eine große Blase?

»Ich glaube, dass Bitcoin die Welt verändern wird«, sagt Rodolfo Andragnes, der nicht nur Pizza-Parties, sondern seit 2013 die lateinamerikanische Bitcoin-Konferenz organisiert. »Was wir gerade erleben, ist eine echte Revolution.«[13]

1.3 Das Ende der Blocksize-Debatte?

Dieser *Bitcoin Pizza Day* scheint noch in einer weiteren Hinsicht ein historischer Tag für Bitcoin zu sein. Über Jahre hat eine quälende Debatte die Bitcoin-Community gelähmt und beinahe gespalten. Doch am Vorabend der Konferenz haben sich einige der wichtigsten Akteure der Bitcoin-Welt in New York auf einen Kompromiss in der Frage geeinigt, wie Bitcoin weiter wachsen soll.[14] Es sieht so aus, als sei die sogenannte Blocksize-Debatte zu einem Ende gekommen. Worum geht es dabei?

Die maximale Größe eines »Blocks«, in dem Bitcoin-Überweisungen gespeichert werden (mehr dazu in Abschnitt 3.3), ist bisher auf ein Megabyte festgelegt. Damit sind maximal sieben Transaktionen pro Sekunde möglich. Verglichen mit den vielen tausend Transaktionen pro Sekunde, die Kreditkarten-Netzwerke wie Visa oder MasterCard verarbeiten können, ist das sehr wenig. Da die Zahl der Bitcoin-Transaktionen ständig steigt, wird ein Megabyte pro Block schon bald nicht mehr ausreichen. Bereits jetzt kommt es im Bitcoin-Netzwerk immer wieder zu Staus und Wartezeiten. Die Transaktionsgebühren haben sich deutlich erhöht, weil der Platz für Überweisungen in den Blöcken immer knapper wird.

Über den besten Lösungsweg wurde lange Zeit heftig gestritten. Die einen schlugen vor, die maximale Größe der Blöcke einfach zu erhöhen. Die anderen meinten, dass größere Blöcke für viele Rechner nicht mehr zu verarbeiten seien. Dies würde die Dezentralität des Bitcoin-Netzwerks gefährden. Sie bevorzugten Lösungen wie *Segregated Witness*, bei denen die Datenmenge pro Transaktion reduziert wird (mehr dazu in Abschnitt 5.1.7).

Dieser Konflikt hat einen positiven Nebeneffekt: Andere Cryptocoins, die mit kürzeren Überweisungszeiten und niedrigeren Gebühren aufwarten können, haben an Bedeutung gewonnen. Während Bitcoin viele Jahre den Cryptocoin-Markt dominierte, ist sein Anteil am Marktwert aller Cryptocoins im ersten Halbjahr 2017 von fast 90 % auf unter 50 % gefallen.[15] Doch im Mai 2017 kam es in New York endlich zu einem Kompromiss, dem sogenannten *New York Agreement*.

Barry Silbert, dessen Firma Coindesk die Consensus-Konferenz ausrichtet, nutzte die Gelegenheit, dass sich die Top-Entscheider der Bitcoin-Welt gerade alle in New York befanden, und lud sie zu einem Treffen ein. Dabei haben sich die Teilnehmer auf einen Kompromiss geeinigt, der die Datenmenge, die in einen Block passt, ungefähr vervierfachen wird. Das sollte fürs Erste reichen, um den Datenstau zu beenden und die Überweisungsgebühren zu senken. In der Zwischenzeit können Lösungen wie das *Lightning Network* entwickelt werden, die auf

Bitcoin aufsetzen und seine Geschwindigkeit um ein Vielfaches erhöhen sollen.

Diego Gutiérrez Zaldivar

»Ob dieser Kompromissvorschlag angenommen wird, muss natürlich die Community entscheiden«, sagt Diego Gutiérrez Zaldivar von Rootstock aus Buenos Aires, der bei den Verhandlungen eine zentrale Rolle spielte.[16] »Wir haben einen Programmcode entwickelt, der das Problem lösen kann, aber jeder, der einen Knoten des Bitcoin-Netzwerkes betreibt, muss ihn einbauen. Bitcoin ist schließlich dezentralisiert und gehört uns allen.«

Das New York Agreement wurde Ende Juli 2017 mit einer Mehrheit von über 95% der Bitcoin-Miner angenommen. Seit diesem Tag werden von ihnen nur noch Blöcke akzeptiert, die nach der Segregated-Witness-Methode gebildet werden. Die Verdoppelung des Blockgrößen-Limits von ein auf zwei Megabyte ist für November 2017 geplant.

Nur eine kleine Minderheit von Minern unterstützt eine alternative Lösung namens *Bitcoin Cash*, die am 1. August startete. Sie kommt ohne *Segregated Witness* aus, dafür wurde die maximale Größe der Blöcke von einem auf acht Megabyte erhöht. Da die große Mehrheit der Miner das New York Agreement unterstützt, ist diese »Spaltung« des Bitcoin kein wirkliches Problem. Für viele Bitcoin-Besitzer bringt die Einführung von Bitcoin Cash sogar den Vorteil, dass sie für jeden »alten« Bitcoin einen »neuen« hinzubekommen. Das liegt daran, dass Bitcoin Cash auf der gleichen Blockchain aufbaut wie Bitcoin (siehe Abschnitt 2.2).

1.3 Das Ende der Blocksize-Debatte?

An seinem ersten Lebenstag schwankte der Bitcoin Cash stark zwischen 300 und 750 US Dollar, um sich dann bei rund 450 US-Dollar einzupendeln. Der Kurs des »alten« Bitcoin blieb hingegen konstant. Die lange Zeit als bedrohlich empfundene Spaltung des Bitcoins könnte also sogar zu einem weiteren Vermögenszuwachs der Bitcoin-Gemeinde führen. Über Nacht wurde Bitcoin Cash zum drittgrößten Cryptocoin. Ob er eine Zukunft hat, wird sich zeigen. Möglicherweise tauschen viele Menschen ihre »neuen« Bitcoins in die von der großen Mehrheit unterstützten »alten Bitcoins«, was den Kurs von Bitcoin Cash zum Absturz bringen würde. Vielleicht existieren die beiden Varianten des Bitcoins aber auch einfach nebeneinander, so wie Bitcoin und die vielen hundert anderen Cryptocoins, die aus ihm entstanden sind.

Dieser kurze Einblick ins Crypto-Universum zeigt: Dies ist eine Welt für sich, in der das Unmögliche möglich scheint. Doch was sind »Blöcke«? Wie »schürft« man nach digitalen Münzen im Internet? Wie funktioniert diese neue Technologie, die verrückte Computerfreaks zu Millionären gemacht hat?

2. Schürf mir einen Block, Satoshi!

Die Grundlagen der Cryptocoins

Am 3. Januar 2009 entstanden die ersten fünfzig Bitcoins[17]. Ein gewisser Satoshi Nakamoto schuf sie, als er den ersten Bitcoin-Block schürfte. Was »Blöcke« sind und wie man sie »schürft«, erfahren Sie in diesem Kapitel.

Niemand hat Satoshi Nakamoto je zu Gesicht bekommen. Man weiß nicht, ob sich hinter diesem japanischen Allerweltsnamen tatsächlich ein Japaner oder vielleicht eine Russin, ein Argentinier oder ein Team von Entwicklern verbirgt. Satoshi kommunizierte stets nur per E-Mail oder über Internet-Foren. Ende 2010 zog er sich komplett aus dem Projekt zurück und überließ die Weiterentwicklung von Bitcoin anderen.

Die vielen hundert weiteren Cryptocoins, die seither entstanden sind, basieren auf ähnlichen Prinzipien wie Bitcoin. Viele fassen daher alle Coins außer Bitcoin mit dem Begriff *Altcoins* (= alternative Coins) zusammen, was die Dominanz der Kryptowährung Bitcoins sehr deutlich betont. Ich bevorzuge es jedoch, alle Cryptocoins sprachlich gleich zu behandeln, denn so dominant wie früher ist Bitcoin nicht mehr.

Satoshi Nakamoto hat nur wenig selbst erfunden, sondern vorwiegend bewährte Dinge miteinander kombiniert, zum Beispiel die Verschlüsselung mit einem privaten und einem öffentlichen Schlüssel oder das *Peer-to-Peer-Prinzip*. Seine bedeutendste Innovation ist die sogenannte *Blockchain*, eine weltweit verteilte dezentrale Datenbank, die öffentlich einsehbar und nicht im Nachhinein veränderbar ist. Alle diese Begriffe erkläre ich in diesem Kapitel.

Der Begriff *Bitcoin* wird für zwei Dinge verwendet: einerseits für ein weltweites, Internet-basiertes Bezahlsystem; andererseits für die systeminterne Währung, die nötig ist, um es benutzen zu können. Bei anderen Cryptocoins werden für diese beiden Dinge zwei verschiedene Wörter benutzt, etwa *Ethereum* für das Gesamtsystem und *Ether* für die Währung. Doch eine Doppelnatur haben alle Cryptocoins. Man kann einen Cryptocoin als digitales, dezentrales Zahlungssystem mit eigener Währung definieren.

Dabei sind drei Fälle zu unterscheiden:

1. Weltweite Zahlungssysteme
2. Zahlungssysteme für lokale Märkte
3. Cryptocoins, die man benötigt, um Dienste wie *Smart Contracts*, Datenspeicherung, Buchung von Rechenleistung etc. nutzen zu können

Mit diesen verschiedenen Arten von Cryptocoins werde ich mich in den Kapiteln 4 bis 6 näher befassen. Doch zunächst wollen wir die wichtigsten Begriffe klären, die im Zusammenhang mit Cryptocoins immer wieder zu hören sind:

1. Öffentliche und private Schlüssel
2. Blockchains
3. Mining
4. Proof of Work / Proof of Stake
5. Hashing
6. Peer-to-Peer-Prinzip
7. Open Source
8. Dezentralität
9. Smart Contracts
10. Initial Coin Offering

Ich werde diese Begriffe im Folgenden im Detail erläutern, denn sie sind für das Verständnis der Cryptocoins elementar.

2.1 Öffentliche und private Schlüssel

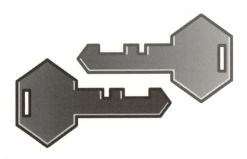

Eine wichtige Voraussetzung eines jeden Zahlungssystems ist es, Eigentum nachweisen und übertragen zu können. Cryptocoins benutzen hierfür Verschlüsselungs-Technologie. Wer nachweisen will, dass er der rechtmäßige Eigentümer einer digitalen »Münze« ist, braucht dafür den entsprechenden digitalen Schlüssel. Mit diesem Schlüssel kann er Transaktionen digital abzeichnen und so sein Eigentum auf jemand anderen übertragen.

Dieser Schlüssel ist die Achillesferse eines herkömmlichen Verschlüsselungssystems. Wird er gestohlen, kann der Dieb damit geheime Nachrichten entschlüsseln oder, wie im Fall von Cryptocoins, fremdes Geld auf sein eigenes Konto überweisen. Man sollte diesen Schlüssel also auf keinen Fall über ein unsicheres, für Hackerangriffe anfälliges System wie das Internet schicken.

Um dieses Problem zu lösen, wurde das Verfahren der *asymmetrischen Verschlüsselung* erfunden. Sender und Empfänger benötigen dabei jeweils zwei zusammengehörige Schlüssel, den öffentlichen und den privaten. Im Fall von E-Mail-Ver-

2.1 Öffentliche und private Schlüssel

schlüsselung dient der öffentliche Schlüssel eines Empfängers dazu, eine Nachricht an ihn zu chiffrieren. Doch nur mit dem privaten Schlüssel des Empfängers lässt sich die E-Mail wieder dechiffrieren.

Ähnlich läuft es bei den Cryptocoins. Der öffentliche Schlüssel, oder genau genommen, die daraus generierte Adresse, dient hier lediglich dazu, jemandem Geld zu schicken.[18] Wichtig ist, dass man Adressen und öffentliche Schlüssel problemlos weitergeben kann, sogar über das Internet. Wer eine Bitcoin-Adresse in die Hände bekommt, kann auf diese Adresse Geld überweisen, mehr kann er damit nicht anfangen.

Will man jedoch an dieses Geld herankommen, benötigt man den dazu passenden privaten Schlüssel. Private Schlüssel sollte man also tunlichst für sich behalten. Sie dürfen niemals auf Servern gespeichert werden, die von anderen kontrolliert werden. Sie sollten also zumindestens auf dem eigenen Computer oder dem eigenen Handy gespeichert sein. Noch besser ist es, sie auf einem Gerät zu speichern, das keinen Kontakt zum Internet hat, um sie vor Hackerangriffen zu schützen. Dazu mehr in Kapitel 3.

Man kann den öffentlichen Schlüssel, oder genauer: die daraus erzeugte Adresse mit einer Kontonummer vergleichen, die ja ebenfalls jeder kennen darf. Der private Schlüssel hat hingegen die Funktion einer bei Banken üblichen PIN (*Personal Identification Number*). Eine solche PIN benötigt man, um an sein Geld heranzukommen. Es gibt jedoch einen großen Unterschied zum herkömmlichen Bankensystem: Man kann unendlich viele Schlüsselpaare aus öffentlichen und privaten Schlüsseln erzeugen. Man hat also nicht nur eine Kontonummer und eine PIN, sondern so viele, wie man möchte. Außerdem ist ein kryptographischer Schlüssel um ein Vielfaches sicherer als die vierstelligen

PINs, die von den Banken vergeben werden und die sich mit relativ wenig Aufwand knacken lassen.

Vielen ist nicht bewusst, wie wichtig es ist, die privaten Schlüssel geheim zu halten. Sie lassen ihre privaten Schlüssel auf *Web Wallets* oder Tauschbörsen liegen, also auf den Servern externer Firmen. Das ist ungefähr so, als würde man einem Fremden die PIN seines Bankkontos verraten.

Praktische Tipps für den Umgang mit den eigenen Schlüsseln sind in Kapitel 3 zu finden.

2.2 Blockchains

Verschlüsselungstechniken für digitales Bargeld zu nutzen, ist keine neue Idee. Bereits Vorläufer von Bitcoin wie das von David Chaum entwickelte *e-Cash* basierten in den 1990er-Jahren darauf[19]. Doch im Unterschied zu Bitcoin verwendete e-Cash einen zentralen Server, um zu verhindern, dass Geld unrechtmäßig mehrfach ausgegeben wird. Das Problem: Bei einem digitalen Gut ist jede Kopie so gut wie das Original. Während man einen

2.2 Blockchains

physischen Geldschein nur einmal ausgeben kann, könnte man eine digitale Münze theoretisch unendlich oft vervielfältigen. Das wäre für ihre Funktion als Zahlungsmittel natürlich fatal. Geld hat nur dann einen Wert, wenn es ein knappes Gut ist.

Vor Bitcoin war der einzige Weg, eine Mehrfachausgabe zu vermeiden, an zentraler Stelle über die Kontostände der Teilnehmer Buch zu führen. Wenn Adalbert eine digitale Münze ausgab und an Brunhilde überwies, musste sie von Adalberts Konto abgezogen und auf Brunhildes Konto gutgeschrieben werden. Doch genau diese Abhängigkeit von zentralen Stellen (wie z. B. Banken) wollte Satoshi Nakamoto vermeiden. Die Geschichte des Geldes hat gezeigt, dass zentrale Macht immer wieder missbraucht wurde. Satoshi ging es darum, ein System zu schaffen, das ohne Zentrale und ohne Vertrauen auskommt.

Zu diesem Zweck hat Satoshi die sogenannte *Blockchain* erfunden. Sie ersetzt die missbrauchsanfällige Zentralstelle durch ein dezentrales Netzwerk. Die »Kette von Blöcken« ist eine digitale Datenbank, die dezentral auf sehr vielen Computern gespeichert ist. Man kann sie mit einem öffentlich einsehbaren »Kassenbuch« vergleichen, das jeder aus dem Internet herunterladen kann. Darin sind sämtliche Transaktionen verzeichnet, die jemals im Netzwerk stattgefunden haben.

Die Blockchain wird in regelmäßigen Abständen aktualisiert. Alle am Netzwerk angeschlossenen Computer – die sogenannten *Knotenpunkte* oder *Nodes* – laden jeweils die neueste Version der Blockchain herunter. Dabei wird der Aktualisierungsvorgang mit so hohen Hürden versehen, dass es praktisch unmöglich ist, die Blockchain im Nachhinein zu verändern.

Satoshi hat mit der Blockchain ein Problem gelöst, das lange Zeit als unlösbar galt: Wie kommen viele Menschen, die sich gegenseitig nicht vertrauen, dennoch zu einem Konsens? Satoshis

Blockchain-System setzt dabei komplett auf Wettbewerb und materielle Anreize.

Blockchains können nicht nur für den Zahlungsverkehr eingesetzt werden, sondern überall dort, wo Informationen öffentlich zugänglich und nicht nachträglich manipulierbar sein sollen. Viele Unternehmen arbeiten zurzeit an Blockchain-Projekten, zum Beispiel für die Erstellung von Grundbüchern, für die notarielle Beglaubigung von Dokumenten, für die dezentrale Speicherung von Daten und vieles mehr.

2.3 Mining

Captain Drakins erklärt, wie Mining funktioniert

Für die Aktualisierung der Blockchain sind bei Bitcoin und den meisten anderen Cryptocoins die sogenannten *Miner* zuständig. Dieser Begriff klingt etwas abenteuerlich, als würden sie mit Spitzhacke und Sieb nach digitalen Nuggets schürfen. Tatsächlich könnten Miner auch »Buchprüfer« heißen, denn in erster Linie

2.3 Mining

überprüfen sie, ob eine Überweisung regelkonform ist. Stimmt die digitale Signatur des Absenders? Verfügt er über genügend Geld für die Überweisung? Ist die Adresse des Empfängers korrekt? Bei Cryptocoins übernehmen die Miner die Aufgaben, die im alten System die Banken hatten. Dafür werden sie mit neu »geschürften« Coins belohnt.

Grundsätzlich steht es jedem offen, Miner zu werden. Man benötigt dafür keine Erlaubnis, sondern muss nur eine frei verfügbare Software herunterladen und kann loslegen. Inzwischen lohnt sich das Mining jedoch nur, wenn man über spezielle, sehr schnelle Computer verfügt, die hohe Stromkosten erzeugen. Es ist also mittlerweile einiges an Startkapital dafür erforderlich.

Wenn eine Überweisung von einem Miner geprüft ist, schreibt er sie in einen sogenannten *Block*. Das ist im Prinzip nichts weiter als eine digitale Liste von Überweisungen. Jeder Block hat einen *Header*, in dem Datum und Uhrzeit gespeichert sind, der sogenannte Zeitstempel (auch *Time Stamp* genannt). Außerdem verweist er auf den jeweils vorigen Block. Dadurch entsteht eine Kette von Blöcken – eine Blockchain. Sie enthält sämtliche Überweisungen eines Netzwerks in ihrer genauen zeitlichen Reihenfolge.

Die Miner befinden sich in einem ständigen Wettrennen um den nächsten gültigen Block. Nur wer eine schwierige kryptographische Aufgabe als Erster löst (siehe Abschnitt 2.5), hat das Recht, seinen Block an die Blockchain zu hängen. Im Fall von Bitcoin sind es mehrere tausend Miner, die dabei miteinander konkurrieren.

Sobald einer der Miner behauptet, die Lösung gefunden zu haben, überprüfen alle anderen, ob sie tatsächlich richtig ist. Wenn dies der Fall ist, verwerfen sie ihren eigenen Block. Die Blockchain wächst dann um den neuen Block des Gewinners.

Alle Miner laden daraufhin die aktualisierte Blockchain herunter und machen sich an die Arbeit am nächsten Block.

Der glückliche Finder des neuen Blocks erhält zur Belohnung eine bestimmte Anzahl von Cryptocoins, die in diesem Moment neu entstehen – daher der Name *Mining*, also Schürfen. Der materielle Anreiz ist sehr wichtig, damit Menschen ihre Computer für diesen Prozess zur Verfügung stellen. Es entstehen ihnen schließlich Kosten, etwa für die Anschaffung der Hardware, ihre Wartung und die laufenden Stromkosten. Nur wenn sie langfristig mehr an neu »geschürften« Coins einnehmen, als ihnen an Kosten entstehen, rechnet sich für sie das Mining.

Miner schließen sich oft zu sogenannten *Mining Pools* zusammen. Die Wahrscheinlichkeit, dass viele Hunderte oder Tausende Miner einen gültigen Block finden, ist natürlich sehr viel höher als für einen einzelnen Miner. Die *Block Rewards* werden unter allen Mitgliedern des Pools aufgeteilt. Dadurch werden zwar nicht unbedingt höhere, aber regelmäßigere Einnahmen generiert, sodass sich Kosten und Gewinn für die Miner besser kalkulieren lassen.

Eine weitere Einnahmequelle der Miner sind Transaktionsgebühren, die vom Absender gezahlt werden. Diese sind in der Regel freiwillig, erhöhen jedoch die Bereitschaft der Miner deutlich, eine Transaktion in einen Block zu schreiben. Im Fall von Bitcoin wird eine Überweisung ohne Gebühr von kaum einem Miner mehr akzeptiert. Diese Gebühren machen zurzeit nur einen geringen Teil der Mining-Einnahmen aus, doch das wird sich bei wachsenden Nutzerzahlen ändern. Die Einnahmen der Miner aus den *Block Rewards* werden bei allen mir bekannten Cryptocoins im Lauf der Zeit geringer. Eine umso wichtigere Rolle werden dann die Transaktionsgebühren spielen.

2.4 Proof of Work / Proof of Stake

Bei den meisten Cryptocoins wird die *Proof-of-Work*-Methode verwendet, um die Einträge in die Blockchain mit einem Zeitstempel zu versehen, so wie in 2.3. beschrieben. Eine Alternative dazu ist *Proof-of-Stake*.

Das *Proof-of-Work*-Verfahren wurde in den 1990er Jahren entwickelt, um Computersysteme vor Attacken und Missbrauch zu schützen. Die Grundidee besteht darin, dass ein Nutzer eines Systems eine bestimmte Arbeitsleistung vorweisen muss, um daran teilzunehmen. Im Fall von Bitcoin besteht diese Leistung in der Berechnung eines bestimmten *Hashes* (siehe Abschnitt 2.5).

In der Wahl der *Proof-of-Work*-Methode drückt sich die grundsätzliche Kritik von Satoshi Nakamoto am herkömmlichen Geldsystem aus. Seit Währungen nicht mehr durch Gold oder Silber gedeckt sind, fällt es Regierungen und Banken sehr leicht, neues Geld zu erzeugen. Bei elektronischem Geld entstehen dabei kaum Kosten; bei Papiergeld sind sie verglichen mit den Nennwerten der Banknoten sehr gering. Der große Aufwand, der nötig ist, um Bitcoins zu erzeugen, erinnert hingegen an den Aufwand, der erforderlich ist, um Edelmetalle aus der Erde zu holen.

Kritiker des Minings sehen darin allerdings eine unnötige Verschwendung von Rechenleistung und Energie. Als Alternative zum Proof-of-Work wurde daher unter anderem das *Proof-of-Stake*-Verfahren entwickelt, das sehr viel weniger Energie verbraucht. Dabei wird in einer Art Losverfahren der Nutzer ausgewählt, der den nächsten Block an die Blockchain anfügen darf. Je mehr Coins ein Nutzer besitzt, desto höher sind seine Chancen, ausgewählt zu werden. Cryptocoins, die das Proof-of-Stake-Verfahren einsetzen, sind unter anderem *Peercoin*, *ShadowCash*,

Nxt, *BlackCoin*, *NuShares/NuBits*, *Qora* und *NavCoin*. Auch die nach Bitcoin zweitwichtigste Kryptowährung *Ethereum* (siehe Abschnitt 6.1) hat angekündigt, bald von Proof-of-Work auf Proof-of-Stake umzusteigen.

An der Proof-of-Stake-Methode wird kritisiert, dass sie bestehende Machtverhältnisse zementiert: Wer viel besitzt, bekommt noch mehr. Außerdem lässt sich eine Blockchain, die per Proof-of-Stake arbeitet, leichter angreifen und unter Kontrolle bringen als eine, bei der das aufwändige Proof-of-Work-Verfahren verwendet wird. Es wird daher an weiteren Methoden gearbeitet, die klangvolle Namen wie *Proof-of-Authority*, *Proof-of-Importance* oder *Proof-of-Value* tragen.

2.5 Hashing

Eine weitere wichtige Grundlage für das Verständnis von Cryptocoins ist das sogenannte Hashing. Ein Hash ist ein mathematisches Verfahren zur Verschlüsselung und Komprimierung von Daten. Das Besondere dabei ist, dass das Ergebnis stets dieselbe Größe hat, unabhängig von der Größe der Ausgangsdatei. Zum Beispiel erzeugt der bei Bitcoin benutzte Hash-Algorithmus SHA-256 immer eine Datei mit einer Größe von 256 Bit, egal, ob die Ausgangsdatei nur ein Wort umfasst oder ein ganzes Buch.

Dies ist zum Beispiel der Hash des Wortes »Cryptocoins«[20]:

```
f19f255cdb0a40ca3526944b5022eda892acb7495379632
7b0b02543b18042d7
```

Das aus 1.161 Wörtern bestehende Einleitungskapitel dieses Buches sieht gehasht so aus:

```
85070a9212b6d4275273522a9cd588c2c04f87ea3ee8129
693496d933efdbd75
```

2.5 Hashing

Eine weitere wichtige Eigenschaft eines Hash-Algorithmus: Geringfügige Änderungen an der Ausgangsdatei führen zu völlig unterschiedlichen Ergebnissen.

Dies ist zum Beispiel der Hash des deutschen Wortes »Hallo«:
78fca7a0dbd0325b8f77333c82fb1ba2a5cbf9e90284bd24e91cb58ac1d6232f

Das englische »Hello« unterscheidet sich davon nur durch einen Buchstaben, doch sein Hash sieht völlig anders aus:
66a045b452102c59d840ec097d59d9467e13a3f34f6494e539ffd32c1bb35f18

Diese Eigenschaften führen dazu, dass man aus einem Hash keinerlei Rückschlüsse auf seine Ausgangsdatei ziehen kann. Viele Online-Dienste nutzen daher Hashes zur Speicherung von Passwörtern. Sie speichern nicht das Passwort selbst, sondern seinen Hash. Der Online-Dienst kann anhand des Hashes leicht überprüfen, ob das Passwort korrekt eingegeben wurde. Dringt jedoch ein Hacker ins System ein, hat er keinen Zugriff auf die eigentlichen Passwörter, sondern nur auf die Hashes, die ihm nichts nützen.

Bei Cryptocoins werden Hashes für die Aufgabe verwendet, die Miner lösen müssen, um einen neuen Block zu finden. Sie erzeugen jeweils aus den Daten ihres neuen Blocks und einer variablen Zufallszahl, dem sogenannten *Nonce*, einen Hash. Ohne den Nonce würde es für jeden Block nur genau einen Hash geben. Doch beim Mining geht es darum, viele Hashes durchzuprobieren, bis man einen Hash mit einem bestimmten Wert gefunden hat. Bei Bitcoin muss er zum Beispiel mit einer bestimmten Anzahl von Nullen beginnen. Warum Nullen? Dies hat Satoshi Nakamoto willkürlich festgelegt. Es ging ihm darum, dass es sehr unwahrscheinlich ist, einen solchen Hash zu erzeugen, und seine Berechnung einen hohen Aufwand darstellt. Man kann es mit einem Würfelspiel vergleichen, bei dem man nur gewinnt, wenn man zum Beispiel zehn Mal hintereinander eine Sechs würfelt.

Wenn der erzeugte Hash nicht die richtige Anzahl von Nullen enthält, verwirft ihn der Miner. Er ändert dann den *Nonce* (zum Beispiel, indem er statt der Zahl 1 die Zahl 2 benutzt) und versucht es erneut.

Findet ein Miner schließlich einen passenden Hash, darf er seinen Block an die Blockchain anfügen und den *Block Reward* kassieren. Alle anderen Miner können leicht überprüfen, ob der Hash zum neuen Block passt, denn beide sind öffentlich einsehbar. Dies ist ein wichtiges Kriterium für das *Proof-of-Work*-Verfahren: Es ist sehr schwer, eine Aufgabe zu lösen, aber sehr leicht zu überprüfen, ob sie korrekt gelöst ist. Wenn die anderen Miner feststellen, dass sie das Rennen um diesen Block verloren haben, gehen sie sofort an die Arbeit, um den nächsten Block zu finden.

Miner müssen sehr viele Hash-Operationen ausführen, bis sie fündig werden. Heutige Mining-Rechner sind in der Lage, eine gigantische Menge an Hashes pro Sekunde durchzurechnen. Diese Rechenleistung wird als *Hashrate* bezeichnet. Eine Hashrate von einer Milliarde pro Sekunde ist ein Gigahash. Eine Hashrate von einer Trillion (also eine Million mal einer Million) heißt Terahash. Ein heute üblicher Bitcoin-Mining-Rechner (Stand Juli 2017) hat eine Hashrate von ca. 14 Terahash. Er kann also 14 Trillionen mal pro Sekunde berechnen, ob der Hash seines neuen Blockes mit genügend Nullen beginnt.

2.6 Peer-to-Peer-Prinzip

In einem Cryptocoin-Netzwerk ist jeder Knotenpunkt gleichberechtigt. Jeder ist gleichzeitig Sender und Empfänger. Dies wird als ein *Peer-to-Peer*-Netzwerk bezeichnet. Während es in anderen Netzwerken eine klare Hierarchie gibt, zum Beispiel zwischen *Servern* und *Clients*, sind im Peer-to-Peer-Modell alle Knotenpunkte *Peers*, also Kollegen auf Augenhöhe.

Ein P2P-Netzwerk ist sehr viel schwerer zu attackieren als eines, das mit zentralen Servern arbeitet (wie zum Beispiel das *World Wide Web*). Dort reicht es, einen Server auszuschalten, um Informationen unzugänglich zu machen. In einem P2P-Netzwerk befinden sich alle wichtigen Informationen auf allen angeschlossenen Rechnern. Selbst wenn man sehr viele Knoten angreift und zerstört, kann das Netzwerk überleben.

Die Vorteile des P2P-Prinzips kann man sehr gut bei Filesharing-Diensten beobachten. Bei frühen Filesharern wie *Napster* gab es noch einen zentralen Server, den man relativ leicht ausschalten konnte, um den ganzen Dienst lahmzulegen. Filesharer der nächsten Generation wie *Gnutella*, *Kazaa* oder *BitTorrent* setzen daher auf das Peer-to-Peer-Prinzip. Man müsste alle ihre

Knotenpunkte lahmlegen, um einen Dienst zu stoppen – ein Ding der Unmöglichkeit. Trotz massiver Verfolgung durch Behörden und Copyright-Industrie existieren daher weiterhin unzählige Filesharing-Dienste.

Mit großer Wahrscheinlichkeit hat sich Satoshi die Filesharing-Dienste, die mit der Musik- und Filmindustrie mächtige Gegner haben, sehr genau angesehen. Cryptocoins legen sich mit noch mächtigeren Gegnern an, nämlich mit Banken und Regierungen. Die Unangreifbarkeit ihrer Netzwerke ist für den Erfolg der Cryptocoins daher von höchster Bedeutung.

2.7 Open Source

Ein weiteres Prinzip, das Satoshi offensichtlich bewusst eingesetzt hat, ist das der Open-Source-Software. Während herkömmliche Software-Firmen wie Microsoft, Oracle oder Adobe den Quellcode ihrer Programme geheim halten, liegt der Quellcode bei Open-Source-Projekten offen. Jeder, der möchte, kann ihn auf Fehler überprüfen und ihn weiterentwickeln.

Wer es schafft, eine große Community von Software-Entwicklern für sein Projekt zu begeistern, ist damit selbst großen Konzernen wie Microsoft überlegen. Das beste Beispiel dafür ist wohl das Betriebssystem *Linux*. Als der finnische Student Linus Torvalds es 1991 von seinem Studentenwohnheim in Helsinki aus startete, konnte er sich wohl kaum ausmalen, dass es einmal das dominierende Betriebssystem bei Internet-Servern sein würde. Durch die vielen freiwilligen Mitstreiter, die den offenen Code auf Fehler durchsuchen, sie ausbügeln und sich neue Funktionen ausdenken, ist Linux sicherer und besser als die Software etablierter Hersteller. Dies trifft auf jede

2.7 Open Source

Open-Source-Software zu, die eine kritische Masse an Entwicklern erreicht.

Satoshi Nakamoto hat den Quellcode seiner Bitcoin-Software bereits am 9. November 2008 über den Dienst *Source Forge*[21] öffentlich gemacht, sodass andere Entwickler daran mitarbeiten konnten. Dies war einige Monate, bevor er im Januar 2009 den ersten Block schürfte und eine für jedermann nutzbare Software anbot.

So entstand recht bald eine Community aus Programmierern, die vom Bitcoin-Projekt begeistert waren und es weiterentwickelten. Im Dezember 2010 stieg Satoshi Nakamoto überraschend aus und überließ die Projektleitung anderen. Auch dies war nur möglich, weil er sein Werk von Anfang an öffentlich gemacht hatte und kein »Herrschaftswissen« für sich behielt.

Alle mir bekannten Cryptocoins arbeiten ebenfalls nach dem Prinzip des offenen Quellcodes. Gerade bei einem sensiblen Thema wie Geld ist diese Transparenz besonders wichtig. Niemand weiß, welche Hintertüren in die Software von Microsoft oder Apple für den Datenaustausch mit NSA, CIA und FBI eingebaut sind. Beim offenen Code von Cryptocoins kann man sicher sein, dass es keine gibt. Ein Cryptocoin, bei dem dies versucht würde, wäre sofort tot.

Die Open-Source-Technik ermöglicht es, den Programmcode eines bestehenden Coins zu nehmen, einige Details zu ändern und daraus einen neuen Coin zu machen. Dies nennt man eine *Fork*, also eine Gabelung des Codes. Viele Cryptocoins sind einfach Forks des Bitcoin-Codes.

2.8 Dezentralität

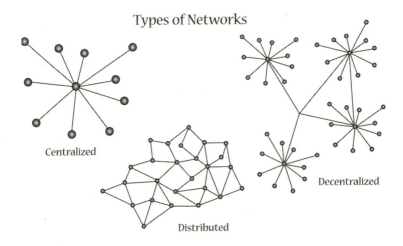

Das Prinzip der Dezentralität ist bei allen Cryptocoins sehr wichtig. Dies ist nicht nur eine technische Frage. Wie wir im Abschnitt 2.5 gesehen haben, ist ein dezentral nach dem Peer-to-Peer-Prinzip aufgebautes Netzwerk sehr viel robuster als ein zentralisiertes. Doch die Dezentralität ist für viele Crypto-Fans eine geradezu politische Mission. Sie sind davon überzeugt, dass kleine Einheiten, die für sich selbst entscheiden, besser funktionieren als zentral gesteuerte Riesenapparate. Wird ein Cryptocoin zentral von einer kommerziellen Firma gesteuert, so kann man davon ausgehen, dass es sich um ein Betrugsmodell handelt. Dabei ist gegen kommerzielle Firmen grundsätzlich nichts einzuwenden. Sie sollten nur nicht die totale Kontrolle über ein Projekt haben.

Cryptocoins sind nichts weiter als offene Software-Protokolle, in denen festgelegt ist, wie Computer miteinander kommunizieren. Auf ihrer Basis können alle möglichen Anwendungen entwickelt werden, wie etwa Wallets, Börsen, Marktplätze etc. So wie Google und Facebook sehr erfolgreich auf Basis des für jedermann zugänglichen Internet-Protokolls arbeiten, das Internet jedoch nicht »besitzen«, sollten auch Cryptocoin-Projekte offen für alle sein.

Eine interessante Organisationsform für den Aufbau eines Cryptocoins ist eine *Decentralised Autonomous Organisation* (kurz DAO genannt). Sie hat keine Eigentümer und keine Hierarchie, aber klare, für alle nachvollziehbare Regeln dafür, wie Entscheidungen getroffen werden. Der Cryptocoin *Dash* (Kapitel 4.3) ist zum Beispiel als DAO organisiert.

2.9 Smart Contracts

Smart Contracts (»Kluge Verträge«) sind Computerprotokolle, mit denen Vertragsverhältnisse (zumindest teilweise) automatisiert werden können. Viele Produkte der Cryptowelt basieren auf Smart Contracts. So ist zum Beispiel das Portfolio-Management-Werkzeug *Prism* (siehe Abschnitt 3.4) komplett auf Smart Contracts aufgebaut. Auch viele der in Kapitel 7 beschriebenen AppCoins basieren darauf. Die meisten Smart Contracts laufen zurzeit auf der Ethereum-Plattform (siehe Abschnitt 6.1).

Bei den Smart Contracts geht es darum, Geschäftsbeziehungen mit Fremden eingehen zu können, ohne dass dazu gegenseitiges Vertrauen erforderlich wäre. Ein herkömmlicher Vertrag basiert auf einem Grundvertrauen der beteiligten Parteien. Alle Vertragspartner gehen davon aus, dass sich die anderen Parteien an die im Vertrag vereinbarten Dinge halten. Im Konfliktfall rufen sie ein Gericht zur Schlichtung an. Smart Contracts sollen Konflikte hingegen von vornherein ausschließen, indem sie zum

Beispiel Zahlungen automatisch auslösen, wenn bestimmte, klar überprüfbare Bedingungen erfüllt sind.

Smart Contracts sind insbesondere für das sogenannte *Internet of Things* interessant. Dabei geht es darum, dass technische Geräte über das Internet direkt miteinander kommunizieren, ohne dass menschliche Arbeitskraft dafür notwendig ist. Ein Beispiel wäre ein selbstfahrendes Auto, das man sich per Handy-App bestellt und mit Cryptowährung bezahlt. Wenn das Auto tanken muss oder Reparaturen notwendig werden, kann es selbstständig zur Tankstelle oder zur Werkstatt fahren und für alles aus seinem eigenen Budget bezahlen. Die Gewinne aus einem solchen Fahrdienst können vollautomatisch am Monatsende an die Eigentümer des Autos ausgeschüttet werden. Die Technologie für dieses nach Science Fiction klingende Modell ist bereits vorhanden. Ein weiteres beliebtes Beispiel für das Internet of Things ist der Kühlschrank, der feststellt, dass keine Butter mehr vorhanden ist, und sie selbstständig beim Lieferdienst des Supermarktes bestellt und bezahlt.

Das »Internet der Dinge«

Was immer man von solchen Zukunftsvisionen halten mag, bisher waren sie nicht umzusetzen. Es fehlten die Werkzeuge, um die komplexe Kommunikation zwischen vielen unabhängigen Geräten zu ermöglichen. Erst mit Smart Contracts, die auf einer Blockchain aufsetzen, lässt sich ein »Internet der Dinge« tatsächlich realisieren. Firmen wie IBM oder Samsung, die am Internet of Things arbeiten, haben sich daher mit Ethereum zusammengetan, um deren Smart Contracts dafür zu nutzen.

2.10 Initial Coin Offering (ICO)

Ein *Initial Coin Offering* ist eine neue Art der Finanzierung von Unternehmen oder Projekten. Dabei werden blockchain-basierte *Tokens* (»digitale Jetons«) an Investoren verkauft. Entweder können sie diese Tokens zu einem späteren Zeitpunkt nutzen, um die mit dem Investitionsgeld gebaute Software-Lösung zu nutzen, oder sie handeln mit ihnen an einer der zahlreichen Cryptobörsen (siehe Abschnitt 3.3).

Ein Initial Coin Offering wird auch als *Token Sale* bezeichnet. Da der Begriff *Initial Coin Offering* so schön an ein *Initial Public Offering* (IPO) erinnert, also an einen Börsengang, wird er meist bevorzugt. Während ein Börsengang sehr aufwändig ist und erst bei Unternehmen möglich ist, die bereits auf dem Markt etabliert sind, kommt ein ICO auch in der Frühphase eines Start-Ups in Frage.

Die Begriffe *Coin* und *Token* werden übrigens nicht sehr trennscharf verwendet. Beide bezeichnen eine digitale Einheit, die einen Wert darstellt. Man kann unter einem *Coin* eine Werteinheit mit eigener Blockchain verstehen, während ein *Token* auf einer bestehenden Blockchain aufsetzt. Auch der Begriff *Appcoin* wird häufig für Tokens verwendet.

Das Modell der Herausgabe eines Coins oder Tokens zur Projektfinanzierung wurde erstmalig von *Mastercoin*, dem heutigen *Omni*, genutzt. Das von J.R. Willet gestartete Projekt Mastercoin, das mittlerweile in Omni umbenannt wurde, basiert auf Bitcoin. Es bildet eine zusätzliche Software-Ebene, mit der sich finanzielle Werte repräsentieren lassen. Von Ende Juli bis Ende August 2013 investierten rund 500 Risikofreudige ca. 5.000 Bitcoins in Mastercoin, zum damaligen Kurs waren das etwas 500.000 US-Dollar.

Der zweite ICO war im April 2014 der von *Safecoin*, einem digitalen Token auf Basis von Omni, mit dem man Speicherplatz kaufen kann (mehr dazu im Abschnitt 6.2). In nur fünf Stunden wurden Safecoins im Wert von damals rund sieben Millionen US-Dollar verkauft. Der dritte ICO war der von Ethereum (siehe Abschnitt 6.1) im Juli 2014. Rund 60 Millionen der systemeigenen Währung *Ether* wurden binnen eines Monats für etwa 30.000 Bitcoins verkauft – zum damaligen Kurs waren das rund 14 Millionen US-Dollar.

2.10 Initial Coin Offering (ICO)

In den Jahren 2016 und 2017 entwickelte sich das Initial Coin Offering zu einer der beliebtesten Methoden zur Projekt- und Firmenfinanzierung. Die meisten der aktuellen ICOs basieren auf Ethereum Smart Contracts. Es gab einige spektakulär erfolgreiche ICOs, bei denen zum Teil in wenigen Stunden bis zu 150 Millionen Dollar eingesammelt wurden. Kritiker befürchten, dass so hohe Summen für ein Start-up, das sich noch in der Frühphase befindet, eher schädlich sein können. Ob sich aus dem derzeitigen »ICO-Fieber« ein nachhaltiges Modell zur Firmenfinanzierung entwickeln kann, wird sich zeigen.

3. Einstieg ins Cryptoversum

Praktische Tipps für Anfänger

Nachdem Sie die Grundlagen von Cryptocoins kennengelernt haben, sind nun die ganz praktischen Fragen an der Reihe. Welche Werkzeuge benötigen Sie, um Cryptocoins zu halten, zu empfangen und zu senden? Wie können Sie Ihre Coins möglichst sicher speichern? Wo können Sie Cryptocoins kaufen und verkaufen? Wo bekommen Sie aktuelle Informationen? Dieses Kapitel liefert eine Anleitung, wie man mit den nötigen Werkzeugen umgeht.

3.1 Wallets

Das erste, was Sie benötigen, um Cryptocoins zu nutzen, ist eine sogenannte *Wallet*, also eine »Brieftasche« oder »Geldbörse«. Das ist ein Stück Software, das es mittlerweile für alle gängigen Computer, Smartphones und Betriebssysteme gibt. Jeder Cryptocoin hat seine eigene Wallet, es gibt aber auch einige Wallets, mit denen man mehrere Cryptocoins verwalten kann (siehe Abschnitt 3.1.2). Wallets werden von diversen Herstellern kostenlos angeboten. Für Ihren Computer können Sie eine Wallet von der Website des jeweiligen Herstellers herunterladen. Für Ihr Smartphone nutzen Sie dafür den Playstore (für Android) oder den Appstore (für iPhones). Einen guten Überblick über den Wallet-Markt für Bitcoins finden Sie unter https://bitcoin.org/de/waehlen-sie-ihre-wallet.

3.1 Wallets

```
         TRANSACTIONS  SEND  RECEIVE  ADDRESSES  CONTACTS

RECEIVING ADDRESS   [ 1CPAhrKGgrUoi29mNDGrDsRdQw8VMGPvUz ]
DESCRIPTION         [                                    ]
REQUESTED AMOUNT    [              ]
REQUEST EXPIRES     [              ]
                    [ SAVE ] [ NEW ]

BALANCE: 13.99
```

Der Begriff *Wallet* ist etwas irreführend, denn tatsächlich befinden sich die Cryptocoins nicht in der Geldbörse, so wie das bei realen Münzen der Fall wäre. Wie in Kapitel 2 beschrieben, sind Cryptocoins auf ihrer jeweiligen Blockchain gespeichert, also auf vielen Computern, die überall auf der Welt verteilt sind. Was die Wallet enthält, sind die privaten und öffentlichen Schlüssel, die man benötigt, um Coins zu senden und zu empfangen. Der Begriff *Keychain* oder »Schlüsselbund« wäre also eigentlich passender. Aber Wallet hat sich nun einmal als Name für diese Art von Software eingebürgert.

Wallets können unendlich viele von diesen kryptischen Schlüsseln erzeugen, die aus Buchstaben und Zahlen bestehen. Die Schlüssel sehen ein wenig abschreckend aus, doch ihre unansehnliche Form macht sie fälschungssicher. Durch ihre vielen Stellen und die Verwendung von Ziffern, Groß- und Kleinbuchstaben gibt es so viele Kombinationen, dass es praktisch unmöglich ist, dass sich ein solcher Schlüssel jemals wiederholt. Man kann also einen Schlüssel nicht einfach durch Ausprobieren erraten.

Eine Bitcoin-Adresse sieht zum Beispiel so aus:
`1JS3AKdQHqjcitJHJJPBvGjwrR7d6TxEpJ`
Probieren Sie es gern einmal aus, Bitcoins an diese Adresse zu schicken! Sie können dafür auch den QR-Code auf Seite 179 verwenden.

3.1.1 Wie man eine Wallet benutzt

Im Prinzip funktionieren die Wallets aller Kryptowährungen sehr ähnlich, daher gehen wir am folgenden Beispiel einmal eine Überweisung am Beispiel von Bitcoin durch.

Die wichtigsten Funktionen jeder Wallet sind *Senden* und *Empfangen*. Um Coins senden zu können, muss man erst einmal welche haben. Wenn Sie Ihre erste Wallet frisch heruntergeladen haben, ist Ihr »Kontostand« natürlich null.

Also klicken Sie zunächst auf den Reiter oder Button *Empfangen* oder *Receive*. Dann wird eine öffentliche Adresse angezeigt, die ähnlich unschön aussieht wie die obige. Viele Wallets stellen diese Zahl auch in Form eines computerlesbaren QR-Codes dar. Der ist praktisch, wenn man direkt vor Ort etwas bezahlen möchte, zum Beispiel von einem Smartphone zum anderen.

Angenommen, Sie haben gerade Ihre erste Bitcoin-Wallet installiert und Ihr Freund Bert, ein bekennender Bitcoiner, schuldet Ihnen noch zehn Euro. Sie können Bert jetzt eine E-Mail mit einer frisch von Ihrer Wallet erzeugten Bitcoin-Adresse schicken und ihn bitten, seine Schulden zu begleichen.

Da Bert sich freut, Sie zum Bitcoinismus bekehrt zu haben, wird er das vermutlich sogleich mit Begeisterung tun. Er kopiert dafür Ihre Adresse in das entsprechende Feld seiner Wallet, gibt einen Bitcoin-Betrag ein, der im Wert zehn Euro entspricht (zurzeit wären das ungefähr 0,005 Bitcoin oder einfacher aus-

3.1 Wallets

gedrückt: fünf Millibitcoin), und klickt auf den Button *Senden*. Es ist übrigens völlig egal, welche Wallet Sie und Bert benutzen. Alle basieren auf dem gleichen Bitcoin-Protokoll, das festlegt, wie Wallets miteinander kommunizieren.

Nur wenige Sekunden später wird Ihre Wallet anzeigen, dass das Geld zu Ihnen unterwegs ist. Der Betrag fünf Millibitcoin erscheint dann in einer Liste der Überweisungen. Er ist jedoch noch mit einem Icon für »unbestätigt« markiert. Wenn die Überweisung vom Netzwerk bestätigt ist, erscheint ein entsprechendes Icon. Eine Bestätigung bedeutet, dass Ihre Überweisung in einen gültigen Block aufgenommen wurde. Erst jetzt können Sie das Geld ausgeben.

Dazu klicken Sie in Ihrer Wallet auf den Reiter *Senden* und geben die oben gezeigte Adresse und den gewünschten Betrag ein. Bevor Sie die Bitcoins abschicken, müssen Sie sich noch dafür entscheiden, was für eine Transaktionsgebühr Sie mitschicken wollen. Sie wird an den Miner gezahlt, in dessen Block Ihre Überweisung landet.

In der Anfangszeit waren Bitcoin-Überweisungen kostenlos und Transaktionsgebühren freiwillig. Theoretisch sind sie das auch heute noch, aber praktisch würde eine Transaktion ohne Gebühr ewig brauchen, bevor ein Miner sie in einen Block aufnimmt. Sie sollten also auf jeden Fall eine Gebühr hinzufügen. Je höher diese ist, desto schneller wird die Überweisung bestätigt. Durch den immer knapperen Platz in den Blöcken sind die Transaktionsgebühren in letzter Zeit leider stark gestiegen. Um höhere Beträge auf andere Kontinente zu überweisen, ist Bitcoin immer noch sehr günstig, doch für Kleinbeträge sind die Gebühren zurzeit unverhältnismäßig hoch – ein unangenehmer Nebeneffekt des Blockgrößen-Limits von einem Megabyte (siehe Kapitel 1). Andere Kryptowährungen können hier deutlich günstiger sein.

Bei vielen Wallets können Sie beim Empfangen einen bestimmten Betrag eingeben, der dann gemeinsam mit der Empfängeradresse in einem QR-Code angezeigt wird. Wenn Sie diesen QR-Code zum Beispiel mit dem Handy von einem Computerbildschirm abscannen, werden Empfängeradresse und Zahlungsbetrag auf einmal erfasst. Mit einem Klick auf *OK* können Sie den angeforderten Betrag dann überweisen (vorausgesetzt, Sie verfügen über genügend Bitcoins).

Bitcoin-Zahlungen sind also recht einfach, wenn man sich erst einmal an die umständlichen Adressen und die pixeligen QR-Codes gewöhnt hat. Aber mal ehrlich: viel einfacher sind die IBAN-Nummern der Banken auch nicht; und QR-Codes befinden sich heute auf jedem Bahn-, Bus- oder Flugticket.

Die meisten Cryptocoin-Wallets arbeiten nach ähnlichen Prinzipien wie Bitcoin. Eine Ausnahme macht Steem (siehe Abschnitt 6.5). Dort gibt es Usernamen wie zum Beispiel @petrameier, an die man Steem schicken kann. Eine Wallet ist direkt in die Blogging-Plattform Steemit eingebaut. Auch Dash hat für seine *Evolution Wallet* angekündigt, die unschönen Krypto-Adressen hinter lesbaren Usernamen zu verstecken. Der Dienst *Netki* verwandelt schon jetzt die kryptischen Bitcoin-Adressen in für Menschen besser verständliche, wie zum Beispiel *satoshi.bitcoin.com*

3.1.2 Multi-Sig-Wallets

Multi-Sig: Zwei von drei Schlüsselinhabern müssen signieren

Eine *Multi-Signature-Transaktion*, kurz *Multi-Sig*, ist eine Überweisung, die von mehreren Menschen abgezeichnet werden muss. Dies können zum Beispiel zwei von drei, vier von fünf oder acht von acht Inhabern digitaler Schlüssel sein, jede Kombination ist möglich. Es gibt eine Reihe von Wallets auf dem Markt, die mit solchen Mehrfachsignaturen umgehen können. Für Bitcoin sind die bekanntesten *Copay* und *Green Address*.

Multi-Sig ist zum Beispiel gut geeignet für ein Unternehmen mit mehreren Geschäftsführern, die über größere Ausgaben nur gemeinsam entscheiden können. Auch für Paare mit gemeinsamer Haushaltskasse, Sportvereine oder Sparclubs können Multi-Sig-Wallets praktisch sein. Multi-Sig erhöht außerdem die Sicherheit. Erbeutet ein Hacker einen privaten Schlüssel, so nützt ihm dieser nichts, wenn zwei, drei oder mehr Schlüssel notwendig sind, um an das Geld heranzukommen.

3.1.3 Multi-Coin-Wallets

Ursprünglich benötigte man für jeden Cryptocoin eine eigene Wallet. Weil das etwas umständlich in der Handhabung ist, gibt es mittlerweile sogenannte Multi-Coin-Wallets, die für verschiedene Cryptocoins funktionieren.

Jaxx bietet zurzeit die Verwaltung von Bitcoin, Litecoin, Ether, Dash, Monero, Z-Cash, REP und Gnosis an, viele weitere sind in Planung. Es gibt Jaxx für alle gängigen Plattformen (Linux, Mac, Windows, Android und iPhone).

Die *Exodus*-Wallet unterstützt zurzeit Bitcoin, Litecoin, Ether, Dash, Dogecoin, Augur und Golem. Es gibt sie für Linux, Mac und Windows.

Coinomi unterstützt sogar 47 verschiedene Coins. Allerdings gibt es diese Wallet bisher nur für Android und iOS. Eine Desktop-Version für Computer ist angekündigt.

Alle drei genannten Wallets haben die Tauschbörse *ShapeShift* eingebaut, so dass man direkt in der Wallet zum Beispiel Bitcoins gegen Dash oder Litecoin gegen Ether tauschen kann. Alle Anbieter erweitern ihr Spektrum an Cryptocoins ständig. Es lohnt sich also, auf den jeweiligen Websites nachzuschauen, ob auch der Coin Ihrer Wahl mittlerweile unterstützt wird.

Wenn Sie auch mal einen »Exoten« erwerben wollen, der noch nicht in die genannten Multi-Coin-Wallets integriert ist, kommen Sie nicht umhin, dessen eigene Wallet zu verwenden.

3.2 Sichere Speicherung

Für die Sicherheit des eigenen Geldes ist jeder Cryptocoin-Nutzer selbst verantwortlich. Cryptocoins sind wie Bargeld: Wenn sie weg sind, sind sie weg. Sie können bei keiner Bank und keiner

3.2 Sichere Speicherung

Kreditkartenfirma anrufen und eine Rückbuchung beantragen. Wer seine Geldbörse irgendwo liegenlässt, muss sich nicht wundern, wenn sie gestohlen wird. Genauso gut sollten Sie auf Ihre privaten Schlüssel aufpassen. Sie dürfen sie auf keinen Fall auf einer Börse oder einer Web Wallet speichern.

Das bedeutet: Nutzen Sie ausschließlich Wallets, die Sie sich auf Ihren Computer oder Ihr Smartphone herunterladen können. Wallets auf Websites, die nur durch Username und Passwort geschützt sind, sollten Sie unter allen Umständen meiden. Eine Multi-Sig-Wallet (siehe Abschnitt 3.1.2) bietet größere Sicherheit als eine normale, ist aber auch etwas umständlicher zu bedienen. Für größere Mengen an Cryptocoins empfiehlt sich die sogenannte *Cold Storage*. Mit »kalter Speicherung« ist gemeint, dass das Speichermedium keinen Kontakt mit dem Internet hat. Das ist bei Paper Wallets (3.2.2) und Hardware Wallets (3.2.3) der Fall.

3.2.1 Seed Key

Die meisten Wallets bieten mittlerweile einen sogenannten *Seed Key* an. Aus diesem »Schlüsselsamen« lassen sich alle privaten Schlüssel herleiten. Wallets, die mit einem Seed Key arbeiten, werden *hierarchische deterministische Wallets* oder kurz HD-Wallets genannt. Wie der Name vermuten lässt, beruhen sie auf einem recht komplizierten kryptographischen Verfahren. Die Nutzung ist dafür umso einfacher. Der Seed Key besteht aus einer Reihe englischer Wörter, das können etwa 12, 16 oder 24 sein.

Ein Seed Key kann zum Beispiel so aussehen:

```
blue event repeat progress willow delete they
clock slide announce grey know
```

Viele Wallets fordern Sie vor der ersten Nutzung dazu auf, den Seed Key auf einem Stück Papier zu notieren. Am besten notieren Sie ihn sich gleich auf verschiedenen Papieren und verstecken diese an sicheren Orten. Eine digitale Speicherung auf einem Computer reicht nicht, denn Computer können bekanntlich gehackt werden. Wenn Sie über ein gutes Gedächtnis verfügen, können Sie sich einen solchen Seed Key auch merken. Etwa, indem Sie ein kleines absurdes Gedicht verfassen, in dem die zufälligen Wörter des Seed Keys enthalten sind. Man spricht dann von einer *Brain Wallet*.

Der Seed Key ist sehr wichtig. Sollte Ihnen zum Beispiel der Computer kaputtgehen oder das Handy in die Toilette fallen, können Sie mit dem Seed Key Ihre Coins wiederherstellen. Sie installieren dafür eine neue Wallet auf einem anderen Gerät, gehen auf *Restore* oder *Wiederherstellen* und geben die Wörter des Seed Keys in der richtigen Reihenfolge ein. Wie von Zauberhand erscheinen dann Ihre verloren geglaubten Coins in der neuen Wallet.

Dies funktioniert deshalb, weil die Coins selbst nie verloren waren. Sie sind in der Blockchain gespeichert. Verloren waren die privaten Schlüssel, die Sie benötigen, um an das Geld heranzukommen, und diese Schlüssel lassen sich aus dem Seed Key berechnen. Das ist das Geniale an Cryptocoins: In vielerlei Hinsicht verhalten sie sich wie Bargeld; aber man kann von ihnen Sicherheitskopien machen, die so gut sind wie das Original. Versuchen Sie das mal mit Euro- oder Dollar-Noten!

Den Seed Key sollten Sie an einem wirklichen sicheren Ort verstecken. Wenn er in falsche Hände gerät, kann ihn natürlich auch ein Dieb benutzen, um Ihnen die Coins zu klauen.

3.2.2 Paper Wallets

Papier spielt eine überraschend große Rolle, wenn es um die Sicherung digitaler Cryptocoins geht, nicht nur beim Seed Key. Eine wichtige Möglichkeit, die eigenen Coins sicher zu speichern, ist eine sogenannte *Paper Wallet*. Das ist nichts weiter als der Papierausdruck eines Schlüsselpaares aus öffentlichem und privatem Schlüssel. Auf der einen Seite der Paper Wallet stehen der öffentliche Schlüssel und der dazugehörige QR-Code, auf der anderen Seite steht der private Schlüssel plus QR.

Sie können den QR-Code des öffentlichen Schlüssels scannen und dann an diese Adresse Geld überweisen. Mit dem privaten Schlüssel können Sie dieses Geld wieder in eine »heiße« Wallet importieren, also eine, die online ist. Heiße Wallets sind grundsätzlich riskant, denn jeder Computer, der mit dem Internet verbunden ist, kann gehackt werden. Eine Wallet aus Papier ist hingegen hackersicher.

Doch Sie müssen diese gut verstecken, denn wenn ein Krimineller mit Cryptowissen den QR-Code in die Finger bekommt, kann er damit Ihre Coins stehlen. Es ist jedoch wesentlich leichter, ein sicheres Versteck in der realen Welt zu finden, als einen Computer gegen Hackerangriffe zu schützen. Wichtig ist, dass das Versteck wasser- und feuersicher ist. Am besten, Sie verstecken mehrere Kopien der Paper Wallet an verschiedenen Orten, sodass auch bei einem Hausbrand oder einem Wasserrohrbruch noch mindestens eine Kopie überlebt.

Doch es gibt noch eine weitere Gefahr für die Sicherheit der Paper Wallet. Ist der Computer schon von einem Virus befallen, könnte es sein, dass im Moment der Erzeugung der Paper Wallet der private Schlüssel ausgelesen und an den Hacker gesendet wird.

Wenn Sie ganz sicher gehen wollen, installieren Sie auf Ihrem Computer vorher ein neues Betriebssystem, z. B. von einem USB-Stick. In dem Moment, in dem die Wallet erzeugt wird, sollten Sie außerdem offline sein. Weniger umständlich ist es, ein Gerät wie *Mycelium Entropy* zu benutzen. Es wird an den USB-Anschluss des Druckers angeschlossen und erzeugt so eine neue Paper Wallet, die nie Kontakt zu einem Computer oder zum Internet hat.

Eine genaue Anweisung, wie man sichere Paper Wallets generiert, finden Sie hier:
http://www.coindesk.com/information/paper-wallet-tutorial/

Paper Wallets können Sie dafür benutzen, größere Summen an Coins zu lagern, an die Sie nicht ständig herankommen müssen. Man kann sie mit einem Sparkonto vergleichen. Das Importieren ist recht umständlich. Sie müssen den gesamten Inhalt Ihrer Paper Wallet in Ihre Online-Wallet übertragen, auch wenn Sie nur einen kleinen Betrag benötigen. Für den täglichen Gebrauch sind Paper Wallets daher nicht geeignet.

3.2.3 Hardware Wallets

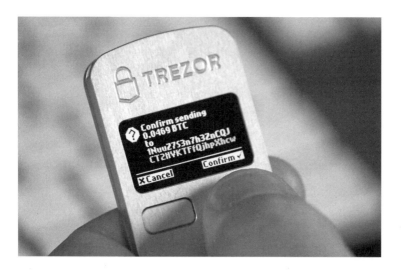

Eine komfortablere Lösung, die hohe Sicherheit mit gutem Bedienungskomfort verbindet, sind sogenannte *Hardware-Wallets*. Das sind kleine Geräte, die in der Regel einen einfachen Bildschirm, ein paar Bedienknöpfe und einen USB-Anschluss haben. Auf ihnen werden die privaten Schlüssel der Cryptocoins gespeichert. Die Hardware-Wallet wird an einen Computer angeschlossen, auf dem eine dazu passende Software-Wallet läuft. Diese benutzen Sie so, wie Sie es von Wallets gewohnt sind. Doch die privaten Schlüssel, mit denen die Überweisungen signiert werden, verlassen die Hardware-Wallet nie. Nur die fertig signierten Überweisungen werden an die Software-Wallet und über sie ins Internet übertragen.

Der Umgang mit einer Hardware-Wallet unterscheidet sich nur geringfügig vom Umgang mit einer normalen Software-Wallet. Es kommt lediglich ein weiterer Arbeitsschritt hinzu: Sie erhalten auf dem Bildschirm der Hardware-Wallet die Aufforderung, die Überweisung zu signieren, und müssen einen Knopf drücken, um dies zu bestätigen.

Gängige Hardware-Wallets sind *Trezor*, *Ledger* und *KeepKey*. Hardware-Wallets sind nicht ganz billig, sie kosten zwischen 70 und mehreren hundert US-Dollar. Doch wenn man eine gewisse Menge Cryptocoins besitzt, lohnt sich diese Investition durchaus.

3.3 Cryptocoins erwerben

Es gibt unzählige Möglichkeiten, an Cryptocoins zu kommen. Die beste ist es natürlich, für seine Arbeit in Cryptowährung bezahlt zu werden. Darüber hinaus gibt es die im Folgenden beschriebenen Möglichkeiten.

3.3.1 Privatkauf

Eine elegante Methode ist es, Cryptocoins privat von jemandem für Euros, Dollars oder andere Staatsbanknoten zu kaufen. Käufer und Verkäufer brauchen dazu jeweils eine Wallet auf dem Handy oder Laptop. Der Verkäufer scannt den QR-Code des Käufers und schickt die gewünschte Menge Cryptocoins los. Der Käufer gibt dem Verkäufer die entsprechende Menge an Bargeld.

Ein solcher Privatkauf hat den Vorteil, dass keiner der Beteiligten sich irgendwo registrieren muss und auch niemand Spuren hinterlässt. Er setzt allerdings auch das Vertrauen voraus, dass nicht einer der beiden mit dem Geld des anderen durchbrennt, ohne zu bezahlen. Deshalb gibt es überall auf der Welt Treffen, wo man in relativ sicherer Atmosphäre Coins gegen Cash tau-

3.3 Cryptocoins erwerben

schen kann – zum Beispiel den *Satoshi Square* in New York und vielen anderen Städten oder die *Private Key*, die ich selbst organisiere.

Bitcoin-Händler auf der BXB (jetzt: Private Key)

Der Dienst *Localbitcoins.com* vermittelt Käufer und Verkäufer von Bitcoins in über 14.000 Städten und 248 Ländern. Nur in wenigen Ländern wie Deutschland und Nordkorea kann Localbitcoins seinen Service nicht anbieten, was viel über den Zustand der deutschen Regulierungsbehörden aussagt. Dafür gibt es in Deutschland den *Bitcoin-Treff.de*, über den sich Käufer und Verkäufer von Bitcoins finden können. Der größte deutsche Marktplatz ist *Bitcoin.de*, der ebenfalls Käufer und Verkäufer von Bitcoins vermittelt, jedoch nicht über Treffen in der realen Welt, sondern per Banküberweisung. Durch eine Partnerschaft mit der Fidorbank bietet Bitcoin.de eine besonders schnelle Abwicklung solcher Tauschgeschäfte an. Allerdings ist dafür eine recht aufwändige Registrierung notwendig.

3.3.2 Börsen für den Tausch von Staatsgeld in Cryptocoins

Es gibt über 75 Börsen, an denen man herkömmliche Währungen wie Dollars, Yuan oder Euro gegen Bitcoins und andere Kryptowährungen umtauschen kann. Diese Börsen sind in der Regel streng reguliert, da sie staatliches Geld für Dritte verwahren und damit von vielen Regierungen als Finanzdienstleister eingestuft werden. Sie müssen daher bestimmte Auflagen erfüllen, etwa die Identität ihrer Kunden überprüfen (*Know Your Customer*, kurz KYC) und verdächtige Geldbewegungen an die staatlichen Aufsichtsbehörden melden (sogenanntes *Anti Money Laundering*, kurz AML, also »Anti-Geldwäsche«). In vielen Staaten benötigen Börsen eine behördliche Lizenz, um zu operieren, in den USA sogar in fast jedem einzelnen Bundesstaat.

Bei vielen dieser Börsen muss man daher ein Bild seines Ausweises oder Reisepasses hochladen, oft auch einen Nachweis der Adresse wie eine Strom- oder Gasrechnung. Manche verlangen, dass man ein Bild von sich selbst mit seinem Ausweis in der Hand hochlädt oder einen Videochat mit einem Mitarbeiter führt. Diese *KYC*-Prozeduren sind in vielen Staaten gesetzlich vorgeschrieben, angeblich, um Terrorismusfinanzierung und »Geldwäsche« zu unterbinden. Erst wer von einer Börse akzeptiert und freigeschaltet ist, darf sein Geld auf ein Bankkonto der jeweiligen Börse überweisen.

Bekannte Börsen für den Umtausch von Euro gegen Bitcoin sind Kraken (www.kraken.com) und Bitstamp (www.bitstamp.net). Kraken hat außerdem eine Reihe anderer Cryptowährungen im Sortiment. Weitere Euro-Börsen finden Sie hier:

3.3 Cryptocoins erwerben

http://data.bitcoinity.org/markets/exchanges/EUR/30d#rank_desc

Diese Börsen sind für den normalen User zunächst ein wenig verwirrend. Sie bieten viele Funktionen an, die eher für Profi-Trader interessant sind. Zum Beispiel die Entwicklung der *Asks* und *Bids* der Vergangenheit. *Ask* wird der Preis genannt, den der Anbieter verlangt, *Bid* ist der Preis, den der Käufer zu zahlen bereit ist. Die Differenz zwischen beiden Werten wird *Spread* genannt. Die Entwicklung dieser Werte im Tagesverlauf wird oft in Form sogenannter *Candlestick-Charts* oder Kerzen-Diagramme dargestellt. Profis versuchen, aus den Werten der Vergangenheit Rückschlüsse auf die weitere Kursentwicklung zu ziehen. Sie versuchen, bestimmte Muster zu entdecken, die ihnen dabei helfen, im richtigen Moment zu kaufen oder zu verkaufen.

3.3.3 Wechselstuben für den Tausch von Staatsgeld in Cryptocoins

Wenn Sie mit Asks, Bids und Candlesticks nichts anfangen können und es einfach haben möchten, sollten Sie lieber zu einer Online-Wechselstube gehen. Dort bekommen Sie den Preis eines bestimmten Coins genannt und kaufen oder verkaufen ihn dafür. Wie dieser Preis zustande kommt, ist vielen Nutzern ohnehin egal. Sie wollen einfach Coins gegen Euro oder Dollar tauschen und sich nicht mit dem Prozess der Preisfindung beschäftigen.

Ein populärer Wechsler im Euroraum ist zum Beispiel *BitPanda* aus Österreich (www.bitpanda.com). Dort kann man Euros gegen Bitcoins, Litecoins, Dash und Ether tauschen. Auch BitPanda verlangt die Identifizierung durch amtliche Dokumente, der Umtauschprozess ist dafür sehr simpel.

Noch einfacher geht der Kauf und Verkauf von Bitcoins bei *Mr. Coin* aus Ungarn (www.mrcoin.eu). Dort ist keine Registrierung nötig. Man muss lediglich eine Handy-Nummer angeben, auf die ein einmaliger Registrierungscode geschickt wird. Eventuell verlangt Mr. Coin, dass Sie ein Foto Ihrer Bankkarte hochladen. Dann überweisen Sie Euros auf ein ungarisches Bankkonto und erhalten dafür Bitcoins, sobald das Geld bei Mr. Coin angekommen ist. Weitere Kryptowährungen außer Bitcoin hat Mr. Coin bisher nicht im Angebot.

3.3.4 Börsen für den Cryptocoin-Handel

Die Kryptobörse Bittrex

Einige Börsen haben sich auf den Tausch von Kryptowährungen spezialisiert. Euro werden dort nicht akzeptiert, US-Dollars erst ab einer gewissen Höhe und wenn man über einen *Enhanced Account*, ein »erweitertes Konto«, verfügt. Viele nutzen daher erst eine der oben beschriebenen Börsen, um Bitcoins für Euro zu kaufen, und investieren die Bitcoins dann auf einer Kryptobörse in andere Coins.

3.3 Cryptocoins erwerben

Die bekanntesten dieser Kryptobörsen sind *Poloniex* und *Bittrex*, die beide in den USA beheimatet sind. Poloniex bietet über hundert Cryptocoins zum Tausch an, Bittrex sogar über 190. Daneben gibt es noch Bitmex, Cex.io und viele andere Börsen.

Sowohl Poloniex als auch Bittrex richten sich eher an Leute, die Wert auf gute Analysetools legen und die vor Candlestick Charts keine Angst haben. Man muss jedoch kein Profi-Trader sein, um solche Börsen zu nutzen. Wenn man ausschließlich mit Cryptocoins handeln möchte, sind die Einstiegshürden niedrig. Die Registrierung erfolgt dann per Benutzername und Passwort, das Hochladen von amtlichen Dokumenten ist nicht erforderlich. Die strengen *Know-your-Customer*-Vorschriften der US-Behörden greifen erst, wenn US-Dollars im Spiel sind.

Beide Börsen eignen sich für den Einsatz von sogenannten *Trading Bots*. Das sind spezialisierte Computerprogramme, die automatisch Käufe und Verkäufe tätigen können. Sie basieren auf den Erkenntnissen der Chartanalyse. Wenn bestimmte, klar definierbare Ereignisse eintreten, die in der Vergangenheit zu Kursanstiegen oder Kursverlusten führten, kaufen oder verkaufen Trading Bots entsprechend.

Trading Bots können also nur so gut sein wie die Menschen, die ihre Erkenntnisse in Form von Algorithmen formulieren und die Bots auf dieser Basis programmieren. Ein »Bauchgefühl« oder »den richtigen Riecher« für Coins mit guten Wachstumschancen haben sie natürlich nicht. Diese Form des Handels wird auch *Algo Trading* genannt, weil sie auf Algorithmen basiert, also auf Handlungsanweisungen, die von Computern ausgeführt werden können.

Der Nachteil dieser Börsen: Sie müssen den Betrag, mit dem Sie handeln wollen, auf ein Konto überweisen, das bei der Börse für Sie geführt wird. Die privaten Schlüssel befinden sich dann also nicht mehr unter Ihrer Kontrolle – etwas, wovon ich eigentlich abrate.

Wenn Sie Kryptobörsen wie Poloniex oder Bittrex nutzen, tun Sie jedoch genau das. Wenn eine dieser Börsen gehackt wird, ist Ihr Geld weg. Sie sollten daher Ihr Geld auf keinen Fall dort »parken«, sondern es nach vollzogenem Tausch sofort wieder in Ihre eigene, geschützte Wallet zurücküberwiesen. Hierfür nutzen Sie die Funktion *Withdrawal*.

Wer eine Börse dauerhaft als Trader nutzt und daher stets eine gewisse Menge an Coins auf seinem börseninternen Konto haben muss, kommt um das Risiko des Totalverlustes allerdings nicht herum. Man sollte zumindest die dort angebotenen Sicherheitsfunktionen nutzen, zum Beispiel die Zwei-Faktor-Authentifizierung.

3.3.5 Dezentralisierte Börsen

Seine Coins einem Dritten wie einer Börse anzuvertrauen, widerspricht dem Grundprinzip, auf dem Satoshi Nakamoto Bitcoin aufgebaut hat. Daher gibt es einige Entwickler, die auch die Börsen dezentralisieren wollen. Das bekannteste dieser Projekte ist *Bitsquare*, das von dem Österreicher Manfred Karrer gegründet wurde. Um Bitsquare zu nutzen, muss man sich eine Software herunterladen, die nach dem Peer-to-Peer-Prinzip Käufer und Verkäufer miteinander verbindet. Zu keinem Zeitpunkt werden die eigenen Coins an einer zentralen Stelle gespeichert.

Noch befinden sich Bitsquare und ähnliche Projekte wie Openledger, NXT und Counterparty DEX im Entwicklungsstadium. Sie sind etwas umständlich in der Bedienung und bieten noch nicht genügend Liquidität. Doch der nächste Hackerangriff auf eine zentralisierten Börse ist schon abzusehen – und mit jedem Hack wird das Interesse an Alternativen steigen.

3.3.6 Crypto-Wechselstuben

Wer auf die Entwicklung dezentralisierter Börsen nicht warten, sein Geld aber auch nicht einer zentralen Institution anvertrauen will, ist bei einer *Instant Exchange* wie ShapeShift oder Blocktrades besser aufgehoben. Bei beiden ist eine Registrierung nicht notwendig.

Wenn Sie bei ShapeShift zum Beispiel Bitcoins gegen Dash tauschen möchten, wählen Sie einfach die beiden Währungen aus der Liste der etwa 40 verfügbaren Cryptocoins aus, indem Sie das jeweilige Logo anklicken. Daraufhin erscheint ein Fenster, in dem der aktuelle Umtauschkurs angezeigt wird. Außerdem wird ein oberes und ein unteres Limit für den zu tauschenden Betrag genannt. Wollen Sie mehr tauschen als das Limit, müssen Sie diesen Umtauschvorgang mehrmals wiederholen.

Sie geben eine Dash-Adresse (die Sie von Ihrer Dash- oder Multi-Coin-Wallet bekommen) und eine Bitcoin-Adresse für eventuelle Rücküberweisungen ein. Im nächsten Schritt wird eine Bitcoin-Adresse angezeigt, an die Sie den gewünschten Betrag überweisen. Sobald die Überweisung durch das Bitcoin-Netzwerk bestätigt ist, werden die entsprechenden Dash-Coins automatisch an Ihre Dash-Adresse geschickt. Blocktrades funktioniert nach ähnlichem Muster, hat jedoch deutlich weniger Cryptocoins im Sortiment.

Da ShapeShift und Blocktrades das Geld ihrer Kunden nicht treuhänderisch verwalten, sondern lediglich von einer Kryptowährung in eine andere umtauschen, ist das Risiko, Geld durch einen Hack zu verlieren, hier sehr gering. Wenn Sie keinen Bedarf an Chartanalysen oder sonstigen Profi-Funktionen haben, die Börsen wie Poloniex oder Bittrex bieten, sind Sie mit diesen Anbietern also gut bedient.

ShapeShift ist in die Multi-Wallets *Jaxx*, *Exodus* und *Coinomi* eingebaut, sodass Sie eine Kryptowährung direkt in der Wallet gegen eine andere tauschen können.

3.4 Portfolio-Management

Eine einfache Lösung, um ein großes Portfolio an verschiedenen Cryptocoins zu verwalten, bietet *Prism*, das aus dem gleichen Haus kommt wie Shapeshift (siehe Abschnitt 3.3.6). Alles, was Sie dafür brauchen, ist eine Ethereum-Adresse und Ether als Ausgangswährung (mehr über Ethereum in Abschnitt 6.1). Sie können dann einen frei wählbaren Betrag an Ether auf verschiedene Cryptocoins verteilen. Erhältlich sind alle Coins, die es auch bei Shapeshift zu kaufen gibt, zurzeit sind das etwa 40.

3.4 Portfolio-Management

Der Umtausch erfolgt automatisch. Sie müssen also nicht jeden Cryptocoin einzeln erwerben, sondern wählen einfach per Schieberegler aus, wie Sie den investierten Betrag aufteilen.

Wenn Sie Ihr Portfolio verändern möchten, zum Beispiel, indem Sie den Anteil an Bitcoins von 50 % auf 40 % reduzieren, verschieben Sie einfach einen Regler. Die Zusammensetzung des Portfolios wird in einem Tortendiagramm angezeigt. Wenn Sie Ihr Portfolio auflösen, wird Ihnen der Gesamtbetrag in Form von Ether ausbezahlt. Zu keinem Zeitpunkt hält Prism Ihre Coins. Alles läuft vollautomatisch und dezentralisiert über sogenannte *Smart Contracts* auf Ethereum-Basis (mehr dazu unter Abschnitt 2.9). Prism ist ein sehr praktisches Werkzeug, allerdings sind die Gebühren recht hoch.

Portfolio-Management mit Prism

3.5 Mit Cryptocoins einkaufen

Es gibt eine mittlerweile unübersichtlich große Menge an Online-Shops, die Bitcoins akzeptieren. Spezialisierte Anbieter wie die US-Firma BitPay machen es leicht, Bitcoin-Zahlungen in den eigenen Online-Shop zu integrieren. Für viele der gängigen Shop-Lösungen gibt es fertige Bitcoin-Module, die man mit wenigen Klicks einbauen kann. Ob Flüge, Hotels, Pizza, Juwelen oder Alpaca-Socken, es gibt kaum noch eine Ware oder Dienstleistung, die es für Bitcoin nicht zu kaufen gibt.

In der realen Welt sind die Geschäfte, die Bitcoin akzeptieren, noch etwas dünner gesät. Der Service coinmap.org hat weltweit knapp 9000 Geschäfte gelistet, ohne Anspruch auf Vollständigkeit.

Außerdem gibt es mittlerweile zahlreiche Unternehmen, die Debitcards der großen Anbieter Visa und Mastercard anbieten. Sie können diese mit Bitcoins oder anderen Cryptocoins aufladen und dann damit überall zahlen, wo Kreditkarten akzeptiert werden.

Bitwala bietet neben einer eigenen Bitcoin-Debitcard auch die Möglichkeit, weltweit per Bitcoin Rechnungen zu bezahlen. Man gibt die Kontonummer des Empfängers, den Betrag und eventuell einen Verwendungszweck an und zahlt den entsprechenden Bitcoin-Betrag an eine Bitcoin-Adresse von Bitwala. Daraufhin wird die Rechnung per Banküberweisung bezahlt. Dies geht nicht nur innerhalb des Euroraums, sondern auch in andere europäische Länder, sowie in die USA, nach Brasilien, Japan, Korea, China, Vietnam, Mexiko, Nigeria und auf die Philippinen.

Sie werden also kein Problem haben, mit Bitcoins an vielen Orten einzukaufen. Bei anderen Cryptocoins sieht das schon anders aus. Es gibt deutlich weniger Online-Shops und Geschäfte in der realen Welt, in denen man mit anderen Cryptocoins bezahlen kann. Allerdings ist es über die oben beschriebenen Börsen kein Problem, andere Coins in Bitcoins umzutauschen.

Bitwala akzeptiert für seine Dienste alle Cryptocoins, die auch von ShapeShift angeboten werden, das sind zurzeit etwa 40. Sie können also Ihre Stromrechnung mit exotischen Währungen wie Potcoin, Blackcoin oder Voxels bezahlen oder Ihre Visa-Karte mit Dogecoin aufladen. Natürlich können Sie dafür auch etablierte Cryptocoins wie Litecoin, Dash oder Monero benutzen, die in den späteren Kapiteln dieses Buches genauer beschrieben werden.

3.6 Aktuelle Informationen

Ein Buch ist naturgemäß nicht das richtige Medium für aktuelle Informationen. Wenn Sie sich also auf dem neuesten Stand halten möchten, sollten Sie regelmäßig Blogs oder Newsletter zum Thema lesen. Abzuraten ist von allen Mainstream-Medien, die meist nur dann über Cryptocoins berichten, wenn der Kurs abstürzt oder irgendwo eine Börse gehackt wurde. Relevante Informationen erhalten Sie dort kaum.

3.6.1 Rankings

Einen Überblick darüber, welche Cryptocoins es überhaupt gibt und wie sie sich in der Vergangenheit entwickelt haben, geben die beiden Ranking-Websites *Coinmarketcap.com* und *Coincap.io*. Sie listen eine große Anzahl von Cryptocoins sortiert nach ihrer Marktkapitalisierung auf. Darunter versteht man den Kurs multipliziert mit der Zahl der auf dem Markt verfügbaren Coins. Außerdem zeigen sie bereits auf der Homepage für jeden Coin den aktuellen Kurs, das Handelsvolumen und den Gewinn oder Verlust der letzten 24 Stunden. Ein Klick auf den jeweiligen Coin führt zu weiteren Statistiken wie der Kursentwicklung in Dollar und Bitcoin der letzten Zeit.

Beide Websites sind also sehr praktisch, was die Statistiken betrifft, doch geben sie keine tieferen Informationen über die Cryptocoins. Etwas verwirrend ist es, dass sie sehr unterschiedliche Coins in einem einzigen Ranking auflisten. Appcoins ohne allgemeine Zahlungsfunktion (mehr dazu in Kapitel 6), regionale Coins (siehe Kapitel 5) und echte Bitcoin-Konkurrenten, die weltweit zur Zahlung dienen (siehe Kapitel 4), werden in einen Topf geworfen. Sie benötigen also unbedingt noch weitere Informationsquellen, um den Überblick zu behalten.

3.6.2 Deutschsprachige Fachmedien

Der beste Blog über Bitcoin im deutschsprachigen Raum ist der *Bitcoinblog* von Christoph Bergmann, der regelmäßig nicht nur über Bitcoins, sondern auch über andere Cryptocoins berichtet. Die Artikel gehen allerdings oft technisch sehr in die Tiefe und benutzen viele Fachbegriffe, das macht ihn für Neulinge etwas schwer verdaulich.

www.bitcoinblog.de

Einfacher zu lesen, weil weniger technisch ist der *Coinspondent* von Friedemann Brenneis. Friedemann betreibt auch den Audio-

Podcast *Der Honigdachs*, benannt nach Bitcoins Maskottchen, dem zähen und kampflustigen *Honey Badger*.

www.coinspondent.de

Der *Altcoin-Spekulant* von Markus Bohl ist, wie der Name schon sagt, auf die Spekulation mit Altcoins (also: alle Cryptocoins außer Bitcoin) spezialisiert. Nichts für Anfänger, aber interessant, wenn Sie in das Thema tiefer einsteigen möchten.

altcoinspekulant.wordpress.com

3.6.3 Englischsprachige Fachmedien

Wer des Englischen mächtig ist, wird die Nachrichtendienste von *Coindesk*, *Cointelegraph* und *Bitcoin.com* schätzen. Bei allen gibt es ziemlich viel Insidertalk, der für Einsteiger eher schwer verständlich ist.

www.coindesk.com

www.cointelegraph.com

www.bitcoin.com

Gute Podcasts auf Englisch sind *Let's Talk Bitcoin* mit Stephanie Murphy und Adam Levine und *Epicenter* mit Brian Fabian Crain, Sebastien Couture und Meher Roy.

www.letstalkbitcoin.com

www.epicenter.tv

4. In einer Sekunde um die Welt

Cryptocoins für weltweite Zahlungen

In diesem Kapitel geht es um Cryptocoins, die für Zahlungen jeder Art und ohne örtliche Beschränkung gedacht sind. Es gibt Hunderte solcher Coins, es ist unmöglich, sie alle zu beschreiben. Mir geht es darum, anhand einiger ausgewählter Coins ihre Grundprinzipien, Gemeinsamkeiten und Unterschiede zu erläutern. Nach Erscheinen dieses Buches werden sicher neue Cryptocoins auf den Markt kommen und andere in der Bedeutungslosigkeit verschwinden. Wer stets auf der Höhe der Zeit sein will, sollte daher aktuelle Blogs und E-Mail-Newsletter (siehe Abschnitt 3.6) lesen.

4.1 Bitcoin

Bitcoin ist die Mutter aller Cryptocoins. Alle anderen Coins bauen auf ähnlichen Prinzipien auf. Bei vielen wurde lediglich der offen vorliegende Bitcoin-Programmcode kopiert und geringfügig geändert. Nur wenige Kryptowährungen können mit echten Innovationen aufwarten.

Der wesentliche Vorteil von Bitcoin und allen Cryptocoins ist laut Bitcoin-Erfinder Satoshi Nakamoto, dass sie ohne Vertrauen auskommen. »Das Kernproblem konventionellen Geldes ist das Vertrauen, das man braucht, damit es funktioniert«, schreibt Nakamoto in der Mailing-Liste, auf der er Bitcoin erstmals veröffentlichte. »Man muss der Zentralbank vertrauen, dass sie die Währung nicht abwertet – aber in der Geschichte des Zentralbankgeldes wurde dieses Vertrauen ständig enttäuscht. Man muss Banken vertrauen, die unser Geld verwahren und elektronisch verschicken – aber sie verleihen es mehrfach und erzeugen dadurch Kreditblasen, weil nur ein Bruchteil der Kredite durch Spareinlagen gedeckt ist.«[22]

Lange Zeit gingen 80 bis 90 % der Marktkapitalisierung aller Cryptocoins auf Bitcoin zurück. Doch das änderte sich im ersten Halbjahr 2017 drastisch. Die anderen Cryptocoins haben stark aufgeholt, vermutlich aufgrund der Blocksize-Debatte (siehe Kapitel 1). Mittlerweile liegt die Bitcoin-Dominanz bei unter 50 %.[23]

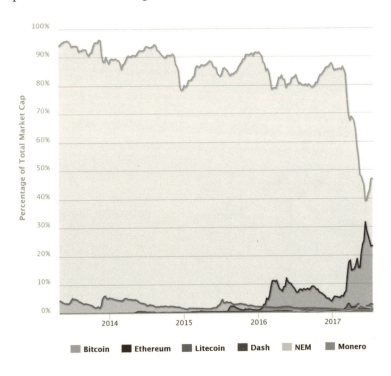

Marktanteile wichtiger Cryptocoins

Der Wettbewerb zwischen den Cryptocoins ist hart. Der Netzwerk-Effekt gibt dem Frühstarter Bitcoin allerdings einen erheblichen Vorteil. Darunter versteht man, dass bei bestimmten Produkten der Nutzen stark zunimmt, je mehr Menschen sie verwenden. Wenn ich der einzige Mensch mit einem Telefon bin, nützt es mir nichts. Je mehr Menschen mit Telefon es gibt, desto nützlicher werden Telefone. Der Netzwerk-Effekt macht es für neue Produkte schwer, in einen bestehenden Markt einzudringen. Wenn alle meine Freunde bei Facebook sind, werde ich nicht auf ein anderes soziales Netzwerk wechseln, wo ich niemanden kenne. Bei einem Produkt wie Geld spielt der Netzwerk-Effekt eine besonders große Rolle. Je mehr Menschen und Geschäfte eine bestimmte Währung akzeptieren, desto attraktiver wird sie.

Doch es ist durchaus möglich, dass Konkurrenten die offensichtlichen Schwachstellen von Bitcoin (dazu später mehr) ausnutzen und Bitcoin eines Tages in der Bedeutung überholen. Das ist das Schöne an einem fairen Wettbewerb: Niemand kann sich seiner Führungsrolle sicher sein, alle müssen stets ihr Bestes geben.

4.1.1 Geschichte

Satoshi Nakamoto veröffentlichte das Konzept von Bitcoin am 31. Oktober 2008 über eine Mailing-Liste für Kryptographie. Am 9. November 2008 stellte er den Quellcode öffentlich zur Verfügung. Am 3. Januar 2009 begann er mit dem Bitcoin-Mining.[24] Zunächst kannten nur wenige Kryptographie-Experten Bitcoin. Der Wert eines Bitcoins war anfangs kaum zu messen, denn es gab keine wirkliche Nachfrage. Doch allmählich begannen Menschen und Firmen, Bitcoin als Zahlungsmittel zu akzeptieren. Der legendäre Pizza-Kauf vom Mai 2010 (siehe

Kapitel 1) markierte einen Meilenstein in der Geschichte von Bitcoin. Schon bald konnte man Flüge, Elektronikartikel und Alpaca-Socken mit Bitcoin bezahlen.

Im Juni 2011 gab es den ersten Medienhype um Bitcoin. US-Senator Chuck Schumer warnte im Fernsehen vor dieser neuen gefährlichen Währung, die man angeblich dazu nutzen konnte, im Internet Drogen zu kaufen. Daraufhin schnellte der Bitcoin-Kurs von rund einem Dollar auf die für damalige Verhältnisse unglaubliche Summe von 31 US-Dollar hoch. Doch die Begeisterung flaute schnell wieder ab, denn so viel gab es damals noch nicht für Bitcoin zu kaufen. Der Bitcoin-Kurs ging über Monate zurück, bis auf ein Tief von rund 2 US-Dollar.

Seitdem hat der Bitcoin-Kurs eine abenteuerliche Achterbahnfahrt hinter sich: Auf über 1000 Dollar im November 2013, runter auf weniger als 200 Dollar im Januar 2015, dann wieder rauf auf rund 3000 Dollar (Stand Juni 2017).

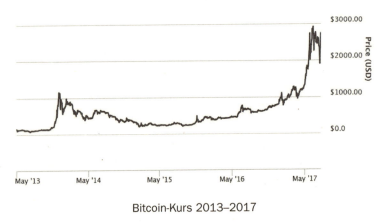

Bitcoin-Kurs 2013–2017

Man braucht also starke Nerven, um in Bitcoin zu investieren. Allerdings sind die Auf- und Ab-Bewegungen des Bitcoin-Kurses in letzter Zeit deutlich geringer als in seiner Frühzeit. Dies liegt vermutlich daran, dass Bitcoin mittlerweile recht etabliert ist. Viele Online-Shops und Geschäfte in der realen Welt akzeptieren Bitcoin. Venture-Capital-Firmen haben viel Geld in Bitcoin-Start-ups investiert. Bitcoin ist kein ganz neues Phänomen mehr, sondern wird als deutlich reifer und stabiler wahrgenommen als alle anderen Cryptocoins. Das drückt sich auch in seiner geringeren Volatilität aus.

4.1.2 Geldmengenwachstum

Die absolute Menge an Bitcoins, die jemals existieren kann, wurde von Satoshi Nakamoto auf 21 Millionen fixiert. Das klingt nach wenig, doch ein Bitcoin ist bis auf 8 Nachkommastellen teilbar, nicht nur auf zwei wie ein Euro. Ein Bitcoin besteht somit aus 100 Millionen kleinsten Einheiten, die nach ihrem Erfinder *Satoshi* genannt werden. Insgesamt werden also 2.100.000.000.000.000 Bitcoin-Geldeinheiten zur Verfügung stehen. Zum Vergleich: rund 150.000.000.000 kleinste Einheiten des US-Dollars, nämlich Cents befinden sich zurzeit im Umlauf.[25]

Wahrscheinlich werden sich neue Begriffe für die Bitcoin-Untereinheiten einbürgern, denn wer möchte schon einen Kaffee für 0,001 Bitcoin bestellen? Da ist es doch praktischer »Ein Millibitcoin« zu sagen. Wenn die Nutzung des Bitcoins steigt und seine Geldmenge für mehr Waren und Dienstleistungen ausreichen muss, wird sich sein Wert entsprechend anpassen. Vielleicht kostet ein Kaffee dann einen Satoshi (also 0,00000001 Bitcoin). Und wenn es dann keine Untereinheit mehr gibt, die für den Keks dazu passt, ist es durchaus möglich, weitere Nachkommastellen einzuführen, etwa »Satoshi-Cents«. Das ist das Praktische an einer digitalen Währung: sie ist nach Belieben teilbar.

Die Tatsache, dass die Menge an Bitcoins eine absolute Obergrenze hat, ist sehr wichtig. Hier ähnelt Bitcoin eher dem Gold, das ja auch nur begrenzt vorhanden ist, als herkömmlichem Geld, von dem die Zentralbanken unendlich viel in Umlauf bringen können. Das Geldmengenwachstum von Bitcoin ist durch die Bitcoin-Software genau vorgegeben. Die Menge neu geschürfter Bitcoins wird etwa alle dreieinhalb bis vier Jahre halbiert. Bis zur ersten Halbierung im November 2012 kamen alle zehn Minuten 50 neue Bitcoins auf die Welt. Bis zur zweiten Halbierung im Juli 2016 waren es nur noch 25. Derzeit erhält ein Miner 12,5 Bitcoins, wenn er einen neuen Block schürft. Die nächste Halbierung dieses *Block Rewards* auf 6,25 Bitcoins ist für das Jahr 2019 oder 2020 zu erwarten.

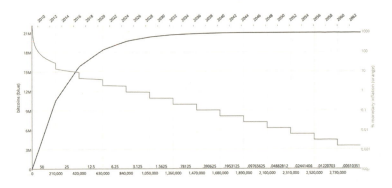

Bitcoin-Inflation

Die maximale Anzahl der Halbierungen beträgt 64. Diese wird voraussichtlich im Jahr 2139 erreicht sein, sodass ab dann keine neuen Bitcoins mehr geschürft werden können. Die Miner werden ihre Aktivität dann nicht mehr über die *Block Rewards* finanzieren, sondern über die Transaktionsgebühren.

4.1 Bitcoin

Die Bitcoin-Inflation, also das »Aufblähen« der Geldmenge, ist im Gegensatz zu herkömmlichen Währungen wie Dollar oder Euro streng reglementiert und sinkt über die Jahre auf Null. Dadurch, dass das Angebot an Bitcoins deutlich langsamer wächst als die Nachfrage, ist der Bitcoin-Kurs langfristig gesehen stark gestiegen. Die Preise für Güter und Dienstleistungen sind also trotz der Ausweitung der Geldmenge (sprich: der Inflation) gefallen, wenn man sie in Bitcoin ausdrückt. Dies ist eher ungewöhnlich, denn normalerweise führt Inflation zu einem Anstieg der Preise. An diesen Zusammenhang haben wir uns so gewöhnt, dass viele Menschen die Begriffe »Inflation« und »Teuerung« synonym verwenden. Doch es sind zwei verschiedene Dinge, die man sauber trennen sollte. Bitcoin ist ein Beispiel dafür, dass Inflation und Teuerung nicht automatisch zusammenhängen.

Die Tatsache, dass die Preise für Güter kleiner werden, wenn man sie in Bitcoin ausdrückt, macht ihn übrigens nicht »deflationär«, wie manche behaupten, denn Deflation ist als Schrumpfen der Geldmenge definiert. Dies ist bei Bitcoin erst der Fall, wenn mehr Bitcoins verloren gehen (etwa weil Eigentümer die Passwörter ihrer Wallets vergessen) als neue Bitcoins hinzukommen.

4.1.3 Anonymität

Alle Bitcoin-Überweisungen sind in der öffentlich einsehbaren Blockchain für alle Zeiten gespeichert. Man kann dort die Höhe des Überweisungsbetrags und die Adressen von Sender und Empfänger sehen. Wenn man die Adresse eines Senders oder Empfängers kennt, etwa weil er sie auf seinem Blog veröffentlicht hat, ist Bitcoin also keineswegs anonym. Es wird daher empfohlen, für jede Überweisung eine andere Adresse zu verwenden. Dies ist kein Problem: eine Bitcoin-Wallet kann unzählige davon erzeugen.

Doch auch das ist nicht hundertprozentig sicher, denn man kann Transaktionsmuster datentechnisch analysieren und daraus Rückschlüsse auf Sender und Empfänger ziehen. Wer also besonders großen Wert auf Anonymität und Schutz der Privatsphäre legt, ist mit Bitcoin nicht besonders gut bedient. Es gibt andere Cryptocoins, wie zum Beispiel *Dash*, *Monero* oder *Zcash*, die Bitcoin in Punkto Anonymität deutlich überlegen sind.

4.1.4 Geschwindigkeit

Im Bitcoin-Netzwerk wird durchschnittlich alle zehn Minuten ein neuer Block erzeugt. Diese sogenannte *Block Time* wurde von Satoshi Nakamoto relativ willkürlich festgelegt. Er sah in zehn Minuten einen vernünftigen Kompromiss zwischen der Wartezeit, bis eine Bitcoin-Transaktion bestätigt wird, und dem Aufwand, den das Bitcoin-Netzwerk für diese Bestätigung treiben muss. Verglichen mit den üblichen Banklaufzeiten von mehreren Tagen ist diese Einschätzung sicher richtig. Verglichen mit den wenigen Sekunden, die ein Kreditkartennetzwerk wie Visa oder Master Card für eine Bestätigung benötigt, sind zehn Minuten jedoch als zu lang anzusehen. Viele Cryptocoins brüsten sich damit, deutlich schneller zu sein als Bitcoin. Den Rekord hält hier Dash (siehe Abschnitt 4.3), das mit seiner InstandSend-Funktion Transaktionen in nur einer Sekunde bestätigt.

4.1.5 Technische Methoden

Bitcoin benutzt für die Berechnung der Hashes den kryptographischen Algorithmus SHA-256, der interessanterweise von der

National Security Agency (NSA) der USA entwickelt wurde. Dieser Datenkrake ist bei vielen Kryptographie-Fans nicht besonders beliebt. Doch Satoshi war Pragmatiker. Wenn sich etwas in der Praxis bewährt hatte, nutzte er es, egal, woher es kam. Da der Code des SHA-256 öffentlich einsehbar und überprüfbar ist, ist es unmöglich, dass die NSA darin versteckte Sicherheitslücken eingebaut hat.

Die Hashrate von Bitcoin, also die Zahl der Hashes, die im gesamten Netzwerk pro Sekunde berechnet werden, ist von rund 12.000 Terahash im Januar 2014 auf über 6 Millionen Terahash im Juli 2017 gestiegen.[26]

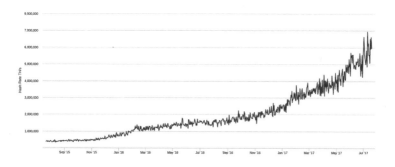

Hashrate des Bitcoin-Netzwerks

Im selben Maß ist der Schwierigkeitsgrad angestiegen, neue Bitcoins zu erzeugen. Diese sogenannte *Difficulty* ist ein mathematischer Faktor, der dafür sorgt, dass trotz steigender (oder sinkender) Rechenleistung des gesamten Netzwerks stets die gleiche Anzahl von Bitcoins in einem Zeitraum von durchschnittlich zehn Minuten geschürft werden. Ohne die *Difficulty* würden bei steigender Rechenleistung mehr Bitcoins geschürft werden, die Inflation würde also zunehmen.

Bei Bitcoin wird die *Difficulty* alle zwei Wochen neu an die gesamte Rechenleistung der Bitcoin schürfenden Computer angepasst. Sie hat sich von Januar 2014 bis Juli 2017 etwa um den Faktor 800 erhöht.[27] Man braucht also heute einen achthundert Mal schnelleren Rechner, um die gleiche Menge an Bitcoins zu erzeugen wie damals.

4.1.6 Entscheidungsfindung

Bitcoin ist kein Unternehmen, sondern offen zugängliche Software, die niemandem gehört. Diese Software wird von freiwilligen Programmierern gepflegt und weiterentwickelt. Dies macht einerseits die Stärke von Bitcoin aus, kann aber auch zu Problemen führen, wenn größere Entwicklungsschritte anstehen.

Korrekturen von Software-Fehlern und neue Funktionen werden über die Plattform *GitHub* vorgeschlagen, die bei Open-Source-Projekten häufig verwendet wird. Dazu dient eine standardisierte Form, das sogenannte *Bitcoin Improvement Proposal* (kurz BIP).[28] BIPs sind durchnummeriert und über GitHub öffentlich einsehbar. Ein BIP wird in der Regel zunächst innerhalb der Entwickler-Community diskutiert. Die Entscheidung darüber, welche BIPs tatsächlich in die offizielle Bitcoin-Software übernommen werden, treffen dann die Miner. Wenn eine bestimmte Prozentzahl von Minern über einen festgelegten Zeitraum den neuen Programmcode übernimmt, gilt er als akzeptiert.

4.1.7 Weitere Innovationen

Um das Problem der Blockgröße (siehe Kapitel 1) in den Griff zu bekommen, haben die Bitcoin-Kernentwickler ein Verfahren namens *Segregated Witness* (kurz *SegWit*)[29] vorgeschlagen. Dabei werden nur die Daten in einen Block geschrieben, die tatsächlich für eine Transaktion wichtig sind (also Empfänger und Geldbetrag), während alles, was mit der digitalen Signatur des Absenders zu tun hat, an anderer Stelle gespeichert wird. So lässt sich die Datenmenge einer Transaktion um rund die Hälfte verkleinern.

Außerdem ist *SegWit* eine Voraussetzung für eine weitere Innovation, das sogenannte *Lightning Network*[30]. Es handelt sich dabei um eine zweite Software-Ebene, die auf dem Bitcoin-Netzwerk aufsetzt und die Menge der möglichen Transaktionen pro Sekunde um ein Vielfaches erhöhen soll. Des Weiteren erhöht es die Geschwindigkeit und verringert die Transaktionsgebühren. Das Lightning Network befindet sich zurzeit noch in einem recht frühen Entwicklungsstadium.

Segregated Witness wurde im Rahmen des sogenannten *New York Agreements* (siehe Kapitel 1) von einer großen Mehrheit der Miner angenommen. Es ist seit Juli 2017 fester Bestandteil der Bitcoin-Software.

4.1.8 Fazit

Bitcoin ist im Cryptocoin-Markt immer noch das Maß aller Dinge. Der Netzwerk-Effekt gibt Bitcoin einen großen Vorteil. Bitcoin hat jedoch auch deutliche Schwächen, zum Beispiel die mangelnde Anonymität und die langen Bestätigungszeiten.

Die Blocksize-Debatte (siehe Kapitel 1) hat außerdem gezeigt, dass der Weg der Entscheidungsfindung bei Bitcoin schwierig und lähmend sein kann. Das Kernproblem: Nur die Miner haben Stimmrechte, doch deren Interessen stimmen nicht unbedingt mit den Interessen der normalen Nutzer oder Betreiber von Bitcoin-Börsen und Bitcoin-Wallets überein. Ein großes

Problem von Bitcoin ist es, dass sich die Entscheidungsmacht auf wenige Mining-Pools konzentriert, die meisten von ihnen befinden sich in China. Bitcoin ist also längst nicht so dezentralisiert, wie sich das viele wünschen.

Andere Cryptocoins haben daher neue Verfahren der Entscheidungsfindung entwickelt. Dadurch können sie Innovationen schneller einführen und durchsetzen und so den Startvorteil von Bitcoin eventuell aufholen.

4.2 Litecoin

Litecoin ist Bitcoin in vielerlei Hinsicht sehr ähnlich. Es beruht ursprünglich auf dem Bitcoin-Programmcode, an dem lediglich einige Änderungen vorgenommen wurden. Dies sind insbesondere die schnellere Bestätigungszeit, die größere Menge an verfügbaren Coins und der verwendete Hash-Algorithmus.

4.2.1 Geschichte

Litecoin wurde von Charlie Lee entwickelt. Er arbeitete zuvor bei Google und ist heute Chef-Entwickler des Bitcoin-Dienstes *Coinbase*. Am 7. Oktober 2011 veröffentlichte er die Litecoin-Software über die GitHub-Plattform. Im November 2013, parallel zum rasanten Anstieg des Bitcoin-Kurses, schnellte auch der Litecoin-Kurs von ca. 2,50 US.Dollar auf mehr als 50 US-Dollar hoch, stürzte dann jedoch auf unter 1,40 US.Dollar im April 2015 ab.

4.2 Litecoin

Während Bitcoin nach einer zweijährigen Durststrecke seinen Höchstkurs vom November 2013 mittlerweile deutlich übertroffen hat, konnte der Litecoin-Kurs erst im Juni 2017 wieder seinen damaligen Höchstkurs erreichen.[31]

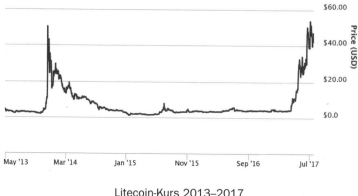

Litecoin-Kurs 2013–2017

Dies liegt einerseits am Netzwerk-Effekt, der dem Marktführer Bitcoin zugutekommt. Vor allem aber sind zahlreiche Konkurrenten hinzugekommen, die sich im Gegensatz zu Litecoin nicht nur in Details von Bitcoin unterscheiden, sondern deutliche Innovationen zum Beispiel bei der Anonymität und in der Entscheidungsfindung vorweisen können.

4.2.2 Geldmengenwachstum

Die Menge an jemals verfügbaren Litecoins ist auf 84 Millionen festgelegt, also viermal so viel wie bei Bitcoin. Eine Halbierung findet ebenfalls alle dreieinhalb bis vier Jahre statt, nämlich alle 840.000 Blocks – viermal so viele Blöcke wie bei Bitcoin, was jedoch durch die kürzere *Block Time* auf die gleiche Zeit hinausläuft.

4.2.3 Anonymität

Litecoin unterscheidet sich hinsichtlich der Anonymität nicht von Bitcoin. Auch bei Litecoin sind alle Überweisungen in der Blockchain dokumentiert, eine völlige Anonymität ist daher nicht zu gewährleisten.

4.2.4 Geschwindigkeit

Die *Block Time* von Litecoin wurde von Charlie Lee auf 2,5 Minuten festgesetzt. Das Hauptargument dafür sind die im Vergleich zu Bitcoin kürzeren Wartezeiten, die dadurch möglich sind.

4.2.5 Technische Methoden

Auch Litecoin benutzt die *Proof-of-Work*-Methode, setzt jedoch im Unterschied zu Bitcoin auf einen Hashing-Algorithmus namens *Scrypt*. Dieser sollte es eigentlich unmöglich machen, speziell dafür gebaute Chips einzusetzen, die sogenannten ASICs, was für *Application-Specific Integrated Circuits* steht, also Chips, die auf eine bestimmte Anwendung spezialisiert sind. Gegen die superschnellen ASICs, die nichts weiter können als Hashes zu errechnen, haben normale Computer keine Chance.

Die schöne Idee, dass jeder an seinem Heimcomputer sein eigenes Geld erzeugen kann, ist bei Bitcoin schon lange nicht mehr Realität. Nur wenige große Mining-Farmen, die meisten davon in China, dominieren die Produktion neuer Bitcoins. Durch den Scrypt-Algorithmus war das Litecoin-Mining für einige Zeit für jedermann möglich. Doch seit Anfang 2014 gibt es auch für Litecoin spezielle ASIC-Miner, sodass der einzige wirkliche Vorteil von Litecoin gegenüber Bitcoin weggefallen ist.[32]

4.2.6 Entscheidungsfindung

Auch bei Litecoin sind es ausschließlich die Miner, die über die Weiterentwicklung bestimmen. Ein großer Unterschied zu Bitcoin ist jedoch, dass mit Charles Lee der Gründer des Projektes bekannt und sehr präsent ist. Seine Stimme hat in der Litecoin-Community naturgemäß ein hohes Gewicht, sodass er Entscheidungen leichter durchsetzen kann.

4.2.7 Weitere Innovationen

Litecoin bietet im Vergleich zu Bitcoin keine bedeutenden Innovationen. Die Akzeptanz von Segregated Witness (siehe Abschnitt 4.1.8) ist bei Litecoin allerdings deutlich schneller vorangekommen als bei Bitcoin. »Der Bitcoin-Markt hat mittlerweile einen Wert von vielen Milliarden Dollar, sodass die Entwickler keine großen Veränderungen vornehmen können, durch die man eventuell viel Geld verlieren könnte.«, sagt Litecoin-Entwickler Charlie Lee. »Wir können mehr riskieren. Unsere Community ist kleiner, sodass wir leichter eine Mehrheit für Innovationen gewinnen können.«[33]

4.2.8 Fazit

Litecoin hat es nicht geschafft, aus dem Schatten von Bitcoin herauszutreten und mit echten Vorteilen zu punkten. Zwar gehört Litecoin nach Marktkapitalisierung immer noch zu den fünf wichtigsten Cryptocoins. Der Litecoin-Kurs hat sich von März 2017 bis Juni 2017 sogar wieder deutlich nach oben entwickelt. Doch um ein ernstzunehmender Konkurrent von Bitcoin zu werden, müsste Litecoin echte Verbesserungen liefern. Die technische Nähe zu Bitcoin ist allerdings ein Vorteil. Viele Software-Anbieter, zum Beispiel von Zahlungslösungen, die bisher ausschließlich für Bitcoin entwickelt haben, können mit relativ geringem Aufwand auch Litecoin-Anwendungen anbieten.

4.3 Dash

Dash ist einer der großen Gewinner der Cryptocoin-Rallye des ersten Halbjahres 2017. Im Unterschied zu vielen anderen Cryptocoins, die reine Bitcoin-Clones sind, gibt es bei Dash einige deutliche Unterschiede zu Bitcoin.

»Dash hebt sich in vier Punkten von der Konkurrenz ab«, sagt Ryan Taylor vom Dash-Kernteam. »Erstens sind Zahlungen mit Dash so schnell wie Kreditkartenzahlungen. Zweitens schützen wir die Privatsphäre unserer Nutzer durch sichere Transaktionen, die nicht ausspioniert werden können. Drittens bieten wir ein System der Entscheidungsfindung, mit dem auch über umstrittene Themen schnell und effizient abgestimmt werden kann. Und viertens wird die Weiterentwicklung von Dash aus der Blockchain selbst finanziert, was eine sehr viel nachhaltigere Finanzierungsquelle ist als zum Beispiel Spenden.«[34]

4.3.1 Geschichte

Dash wurde im Januar 2014 unter dem Namen *Xcoin* von Evan Duffield gestartet. Im Februar 2014 wurde der Name in *Darkcoin* geändert, um die höhere Anonymität zu betonen. Im März 2015 änderte das Kernteam um Evan Duffield den Namen noch

4.3 Dash

einmal, und zwar in Dash (von »Digital Cash«). Der alte Name klang wohl doch zu sehr nach *Dark Net* und erschien zu wenig massentauglich.

Im Juni 2016 ging die Videoshow *Dash: Detailed* bei YouTube auf Sendung. Die Moderatorin und Journalistin Amanda B. Johnson erklärte darin in einfachen Worten Neuigkeiten rund um Dash. Diese Sendung trug sehr zur Popularität von Dash bei und gab dem Projekt ein attraktives Gesicht. Im Juni 2017 beendete Amanda ihre Show.[35]

Amanda B. Johnson

4.3.2 Geldmengenwachstum

Die absolute Menge an Dash liegt bei ungefähr 18 Millionen. Man kann sie nicht ganz präzise voraussagen, denn der *Block Reward*, also die Menge der pro Block neu erschaffenen Coins, ist bei Dash flexibel und wird mit jedem Block neu berechnet. Dies dient dazu, die Hash Rate des gesamten Netzwerks innerhalb einer gewissen Bandbreite zu halten. Ein höherer Block

Reward soll mehr Miner anlocken, ein niedrigerer die Hash Rate nach unten korrigieren. Jedes Jahr wird zudem die Menge neu geschaffener Dash-Coins um 7,1 % gesenkt.

Während bei Bitcoin und fast allen anderen Cryptocoins 100 % der Block Rewards an die Miner geht, hat Dash ein davon abweichendes Modell. Nur 45 % der neuen Coins gehen an die Miner. 45 % gehen an die sogenannten *Masternodes*. Sie bilden eine zweite Ebene des Dash-Netzwerks und sind für besonders schnelle und anonyme Zahlungen zuständig. Außerdem werden über die Masternodes Abstimmungen organisiert (siehe Abschnitt 4.3.6). Die restlichen 10 % stehen zur Verfügung, um zum Beispiel Entwickler und Designer zu bezahlen. Auch Marketingausgaben werden daraus bestritten. Die *Dash: Detailed* Sendung mit Amanda B. Johnson wurde zum Beispiel aus dieser sogenannten *Treasury* finanziert.

4.3.3 Anonymität

Anonymität und Privatsphäre sind den Dash-Entwicklern besonders wichtig, das zeigt schon die Wahl des ursprünglichen Namens *Darkcoin*. Dash nutzt dafür die Funktion *PrivateSend*, die über die Masternodes läuft. Dies ist eine weiterentwickelte Version des sogenannten *Coin Mixings*. Dabei tun sich mehrere User zusammen und tauschen untereinander Coins aus, sodass man ihre Spuren nicht mehr zurückverfolgen kann.

Bisher musste man hierfür externe Services, sogenannte *Coin Mixer*, verwenden. Dies hat jedoch den Nachteil, dass man einem Dritten vertrauen muss. Bei Dash ist die Mixing-Funktion bereits eingebaut. Sie basiert auf dem CoinJoin-Verfahren, ist aber angeblich wesentlich dezentralisierter und damit sicherer als Services wie *Coinmixer.net*, *Bitmixer.io* oder *Coinmixer.se*, da bei

4.3 Dash

Dash nicht ein Server, sondern das Netz der zurzeit rund 4000 Masternodes eingesetzt wird.

Im Unterschied zu anderen anonymen Cryptocoins wie *Monero* oder *Zcash* ist die Anonymität bei Dash eine optionale Funktion, die man nutzen kann, aber nicht muss. Dabei ist zu bedenken, dass für PrivatSend eine deutlich höhere Gebühr verlangt wird als für eine normale Überweisung.

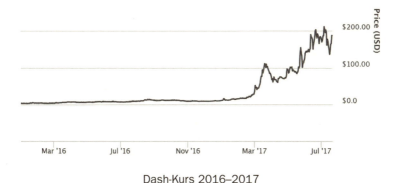

Dash-Kurs 2016–2017

4.3.4 Geschwindigkeit

Das Dash-Netzwerk erzeugt alle 2,5 Minuten einen neuen Block. Difficulty und Block Reward werden bei jedem Block neu errechnet. Für die höhere Geschwindigkeit des Dash-Netzwerks ist jedoch nicht die geringere Block Time verantwortlich, sondern eine Zusatzfunktion namens *InstandSend*. Diese wird über die Masternodes abgewickelt und kostet eine höhere Gebühr als eine normale Überweisung. Dafür dauert eine InstandSend-Transaktion im Durchschnitt nur eine Sekunde.

4.3.5 Technische Methoden

Auch Dash setzt auf *Proof-of-Work*, nutzt aber den Hashing-Algorithmus X11. Dieser ist komplizierter als der von Bitcoin benutzte SHA-256. Genau genommen sind es 11 verschiedene Algorithmen, die im Wechsel benutzt werden. X11 soll effizienter und energiesparender als SHA-256 sein. Es hat einige Zeit gedauert, bis spezielle ASIC-Miner für diesen Algorithmus auf den Markt kamen, doch die Zeiten, in denen man mit normalen Computern oder Grafikkarten Dash minen konnte, sind vorbei.

Während die Mining-Ebene von Dash der von Bitcoin ähnelt – auch Dash ist wie Litecoin aus einer Abwandlung des Bitcoin-Codes entstanden –, ist die zweite Ebene, nämlich die der Masternodes, eine Spezialität von Dash. Durch diesen Zwei-Ebenen-Aufbau ist Dash zu vielen Entwicklungen der Bitcoin-Welt kompatibel, kann aber dennoch neue Funktionen einführen.

4.3.6 Entscheidungsfindung

Angesichts des lähmenden Entscheidungsstaus bei Bitcoin in der Blocksize-Debatte (siehe Kapitel 1) wirkt die Art, wie bei Dash die Entscheidungen getroffen werden, recht vernünftig. Das Stimmrecht liegt hier nicht bei den Minern, sondern bei den Masternodes. Technisch ist es relativ leicht, einen Masternode zu betreiben. Sogar ein billiger Rechner wie ein Raspberry Pi für 25 Dollar reicht dafür völlig aus. Die größere Hürde besteht darin, dass man 1000 Dash besitzen muss, um als Masternode am Netzwerk teilzunehmen. Ein Masternode hat also eine ähnliche Funktion wie eine Aktie an einem Unternehmen: Man ist finanziell beteiligt und der Stimmanteil entspricht der Geldsumme, die man in die Firma investiert hat.

Man bekommt auch eine »Dividende«: 45 % der neuen Dash-Coins werden an die Betreiber der Masternodes ausgeschüttet.

Etwa einmal im Moment finden im Dash-Netzwerk die Abstimmungen statt. Jeder kann gegen eine Gebühr von fünf Dash einen Antrag stellen. Wenn ein Antrag mehr Ja- als Nein-Stimmen bekommt und die Zahl der »Nettostimmen« (also Ja-Stimmen abzüglich Nein-Stimmen) 10 % der gesamten Masternodes übertrifft, ist der Antrag angenommen. Bei zurzeit rund 4100 Masternodes muss ein Antrag also 410 mehr Ja- als Nein-Stimmen erhalten, egal ob das Ergebnis 411 zu 1 oder 2210 zu 1800 ist.

Abgestimmt wird in der Regel über die Finanzierung von Projekten. 10 % der gesamten neu erzeugten Dash Coins stehen jeden Monat zur Projektfinanzierung zur Verfügung. Damit werden die Gehälter des Kernteams bezahlt, aber auch Amanda B. Johnsons Videoshow, Marketingkampagnen, Meetups und Ähnliches. Natürlich hat ein Antrag, den Dash-Gründer Evan Duffield stellt, potenziell höhere Chancen, von der Community angenommen zu werden. Doch grundsätzlich ist jeder Antrag gleichberechtigt.

4.3.7 Weitere Innovationen

Als weitere wichtige Innovation hat das Dash-Kernteam für Ende 2017 die *Evolution Wallet* angekündigt. Sie soll eine komplett neue Benutzeroberfläche haben, die auf lange Adressen aus Buchstaben und Zahlen und sonstige abschreckende Dinge verzichtet. Die Anmutung soll an ein Online-Bankkonto erinnern, mit dem Ziel, Cryptocoins über den bisher noch recht engen Kreis von Cryptofreaks hinaus populär zu machen.

»Wir arbeiten daran, wirklich einen Mehrwert für unsere Nutzer zu schaffen«, sagt Ryan Taylor. »Daher haben wir viele neue Partnerschaften geschlossen. Man kann jetzt sein Telefon per Dash aufladen, Rabatte bei Amazon und Hotels.com erhalten, Rechnungen bezahlen, in Aktien und Rohstoffe investieren, eine Debit-Karte nutzen und vieles mehr.«[36]

4.3.8 Fazit

Das Dash-Team scheint fest entschlossen zu sein, Bitcoin die Marktführerschaft abzunehmen und mit seinem Produkt ein Massenpublikum zu erreichen – eine erstaunliche Wandlung für eine Währung, die vor nicht allzu langer Zeit noch *Darkcoin* hieß. Das ist sicher ein hochgestecktes Ziel. Doch Dash ist einer der wenigen Cryptocoins, die mit echten Innovationen punkten können. Schade nur, dass Amanda B. Johnson, die lange Zeit das Gesicht von Dash war, ihre Sendung eingestellt hat.

4.4 Monero

Monero war mit einem Wachstum von rund 2.700 % der am schnellsten wachsende Cryptocoin des Jahres 2016. Seitdem befindet sich Monero stets unter den Top Ten der Website *Coinmarketcap.com*. Besonders beliebt ist Monero bei Nutzern des sogenannten Darknets, also dem öffentlich nicht zugänglichen Teil des Internets. Die Ursache dafür ist, dass bei Monero besonders großer Wert auf die Anonymität der Transaktionen gelegt wird.

»Das Monero-Protokoll ist sehr privat und hat damit einen großen Vorteil gegenüber Bitcoin«, sagt der *Bitcoin Jesus* genannte Investor Roger Ver. »Man muss bei der Verwendung von Bitcoin nämlich sehr vorsichtig sein, wenn man seine Privatsphäre schützen will.«[37]

Roger Ver investierte als erster Risikokapitalgeber überhaupt in Bitcoin-Start-ups und hält Anteile an Firmen wie *Bitpay*, *Localbitcoins*, *Kraken* und *Bitstamp*. Seine Unterstützung für Monero wird daher in der Kryptoszene sehr genau wahrgenommen. Ein weiterer Grund für sein Investment in Monero ist die zähe Bitcoin-Blocksize-Debatte, in der Roger zu den vehementesten Verfechtern größerer Blöcke zählt. »Bitcoin durfte bisher nicht skalieren, dagegen hat Monero noch eine Menge Luft nach oben, bevor es auf irgendwelche Skalierungsprobleme stößt«, sagt er.[38]

4.4.1 Geschichte

Monero wurde im April 2014 von einem Team aus größtenteils anonymen Entwicklern ins Leben gerufen. Ihr Ziel war es, eine Kryptowährung zu schaffen, die anonymer, dezentralisierter und besser skalierbar ist als Bitcoin. Der Name Monero stammt aus der künstlich geschaffenen Weltsprache Esperanto und bedeutet »Münze« oder »Währung«. Ein wichtiger Schritt für Monero war die Akzeptanz durch *Alpha Bay*, einen der größten Darknet-Marktplätze, im Sommer 2016. Im Januar 2017 führte Monero die sogenannten Ring-Signaturen ein, die sich für anonyme Transaktionen besonders gut eignen.

4.4.2 Geldmengenwachstum

Die Menge der neu geschaffenen *Moneroj* (so der korrekte Plural auf Esperanto) fällt nicht wie bei Bitcoin durch eine plötzliche Halbierung nach einem bestimmten Zeitraum, sondern kontinuierlich von Block zu Block. Auch die *Difficulty* wird bei Monero von Block zu Block angepasst, nicht wie Bitcoin in einem zweiwöchigen Rhythmus. Ab einer Geldmenge von rund 18 Millionen, also voraussichtlich ab dem Jahr 2022, wird auf die sogenannte *Tail Emission* umgestellt. Die Menge neu emittierter *Moneroj* beträgt dann für alle Zeiten 0,6 pro Block, also 157.788 pro Jahr. Die Monero-Inflation wird also nie gleich Null sein.

4.4.3 Anonymität
Monero-Transaktionen sind im Unterschied zu Dash-Transaktionen immer anonym. Dies wird durch sogenannte *Ring-Signaturen* erreicht, bei denen alle Transaktionen so verschleiert und vermischt werden, dass es praktisch unmöglich ist, sie nachzuverfolgen. Eine weitere Besonderheit von Monero sind die sogenannten *Tarnadressen* (*Stealth Addresses*). Dabei sind Zahlungsein- und -ausgänge nicht öffentlich über die Blockchain sichtbar. Nur der Besitzer des privaten Schlüssels kann die Ein- oder Ausgänge auf seiner Adresse sehen. Er kann außerdem einen speziellen *Viewkey* weitergeben, der Zugriff darauf gibt, welche Ein- und Ausgänge zu einer Transaktion gehören. Dies ist manchmal erforderlich, etwa um zu belegen, dass ein Nutzer eine bestimmte Summe Geld tatsächlich überwiesen hat.

4.4 Monero

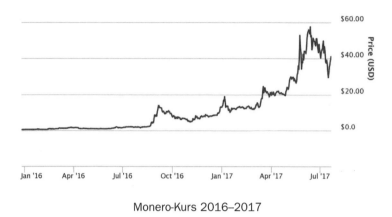

Monero-Kurs 2016–2017

4.4.4 Geschwindigkeit
Der angestrebte Zeitabstand zwischen zwei Blöcken liegt bei zwei Minuten, Monero ist also etwa fünfmal so schnell wie Bitcoin. Eine höhere Transaktionsgeschwindigkeit wie Dashs *InstandSend* bietet Monero nicht.

4.4.5 Technische Methoden
Auch Monero setzt auf die Proof-of-Work-Methode. Der eingesetzte Algorithmus *CryptoNight* ist jedoch sehr viel speicherintensiver als Bitcoins SHA-256 oder Litecoins Scrypt. Damit soll ausgeschlossen werden, dass spezielle ASIC-Chips für das Monero-Mining entwickelt werden können. Das Ziel ist es, dass handelsübliche Computer und Grafikkarten zum Mining eingesetzt werden können und nicht nur die kapitalintensiven ASIC-Miner, die bei Bitcoin, Litecoin und vielen anderen Cryptocoins zu einer Zentralisierung des Minings geführt haben.

4.4.6 Entscheidungsfindung

Auch bei Monero sind es die Miner, die entscheiden, ob eine Neuerung eingeführt wird oder nicht. Ein alternatives Abstimmungsverfahren wie bei Dash gibt es nicht.

4.4.7 Weitere Innovationen

Ein weiterer Pluspunkt von Monero ist der Umgang mit der Blockgröße. Vermutlich unter dem Eindruck der zähen Blocksize-Debatte bei Bitcoin haben die Monero-Entwickler eine dynamische Blockgröße eingeführt. Es gibt keine absolute Obergröße, doch darf ein Block nicht mehr als doppelt so groß sein wie der Median der letzten hundert Blöcke. Außerdem wird der ausgezahlte *Block Reward* reduziert, wenn ein Block bestimmte Werte überschreitet. Diese Maßnahme soll die Miner dazu bringen, die Blockgröße nur behutsam zu verändern.

4.4.8 Fazit

Monero hat gegenüber Bitcoin einige unbestreitbare Vorteile, die ihn besonders für Leute attraktiv machen, die großen Wert auf Anonymität legen. Dies ist jedoch immer noch eine relativ kleine Nische. Zwar sagt Riccardo Spagni alias *FluffyPony*, einer der Monero-Entwickler: »Wenn es gut genug für Drogendealer ist, ist es gut genug für alle anderen.«[39] Doch ich vermute, dass die besondere Nähe Moneros zur Halbwelt des Darknets für viele Normalnutzer eher abschreckend wirkt. Ob Monero also jemals eine höhere Verbreitung finden wird als die künstliche Sprache Esperanto, aus der sein Name stammt, darf bezweifelt werden.

4.5 NEM

NEM steht für *New Economic Movement* und drückt schon im Namen den Anspruch aus, mehr zu sein als ein weiterer Cryptocoin. Die NEM-Entwickler wollen eine neue ökonomische Plattform schaffen, die sowohl die Probleme des herkömmlichen Geldsystems als auch die vieler anderer Cryptocoins löst. Dabei liegt ihnen besondere die gerechte Verteilung des Reichtums am Herzen. An Bitcoin stört sie, dass dabei »die Reichen immer reicher werden«. Wer viele Bitcoins besitzt, kann sich damit die teure Mining-Hardware leisten und neue Bitcoins schürfen. Dies soll bei NEM vermieden werden.

4.5.1 Geschichte

NEM wurde Anfang 2014 von Nutzern des BitcoinTalk-Forums gestartet, die die Entwicklung von Bitcoin kritisch sahen. Sie nutzten dieses Forum im Januar 2014 für einen Aufruf zum Mitmachen, mit dem erklärten Ziel, eine bessere und gerechtere Kryptowährung zu schaffen. Daraufhin bildete sich ein Kernteam von Entwicklern, die alle unter Pseudonym arbeiten. Die erste Version der Software wurde im März 2015 veröffentlicht. Im März 2017 wurde die NEM Foundation mit Sitz in Singapur gegründet. Sie soll die Entwicklung von NEM vorantreiben und das *New Economic Movement* nach außen repräsentieren. Die Vorstandsmitglieder der NEM Foundation sind im Unterschied zu den Entwicklern namentlich bekannt. Ihr Präsident ist Lon Wang, der Gründer der Dragonfly Fintech Pte Ltd. aus Singapur.

»NEM bietet eine fertige, sofort verwendbare Software-Lösung, die es so bisher in der Blockchain-Branche noch nicht gab«, sagt Lon Wang. »Die meisten Blockchain-Projekte befinden sich noch im Experimentierstadium, ihre Software muss mit großem Aufwand an die jeweiligen Anforderungen angepasst werden.«[40]

4.5.2 Geldmengenwachstum

Die Menge der im Umlauf befindlichen XEMs (so heißt die systemeigene Währung von NEM) ist auf 8.999.999.999 festgelegt. Diese wurden bereits beim Start von NEM an rund 1500 Aktivisten ausgeschüttet. Außerdem befindet sich rund ein Drittel der XEMs auf speziellen Konten, die für zukünftige Aktivisten sowie für die Weiterentwicklung, Marketing-Aktivitäten etc. zur Verfügung stehen. Eine Mehrheit der Community muss darüber abstimmen, wie diese Gelder verteilt werden. Im Unterschied zu anderen Cryptocoins wächst die Geldmenge bei NEM also nicht, sie wird lediglich umverteilt.

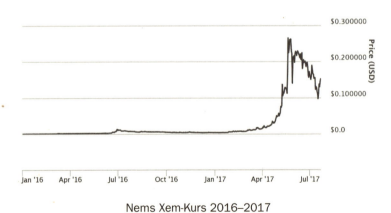

Nems Xem-Kurs 2016–2017

4.5.3 Anonymität

Anonyme Transaktionen wie bei Dash oder Monero sind bei NEM derzeit nicht vorgesehen. Die Einführung neuer Funktionen zum Schutz der Anonymität wird jedoch diskutiert.

4.5.4 Geschwindigkeit

Neue Blöcke werden bei NEM ungefähr einmal pro Minute geschaffen. Die auf NEM aufsetzende *Mijin*-Blockchain erreicht bei Tests bis zu 10.000 Transaktionen pro Sekunde.

4.5.5 Technische Methoden

NEM hat eine neue Methode eingeführt, die das energieintensive Proof of Work ersetzt. Das sogenannte *Proof of Importance* ähnelt dem Proof-of-Stake-Verfahren. Beim Proof of Stake zählt jedoch nur die Menge an Coins, die ein Nutzer besitzt, sodass auch dort »die Reichen immer reicher werden«. Beim Proof of Importance ist hingegen auch die Menge an Transaktionen wichtig, die ein Nutzer ausgeführt hat. Je aktiver man das NEM-Netzwerk nutzt, desto höher sind die Chancen, einen neuen Block zu erschaffen und die damit verbundenen Gebühren zu kassieren. Dies wird im NEM-Jargon *Harvesting*, also Ernten genannt.

4.5.6 Entscheidungsfindung

Über die Verwendung der auf verschiedenen Konten »geparkten« XEMs für zukünftige Entwicklungen entscheiden die bisherigen rund 1500 Teilhaber des NEM-Netzwerks. Dafür werden Multi-Signatur-Transaktionen eingesetzt. Dieses *Multisig*-Verfahren gibt es auch bei anderen Cryptocoins (siehe Abschnitt 3.1.2), doch bei NEM spielt es eine besonders wichtige Rolle. Es bedeutet, dass mehrere Nutzer einer Transaktion zustimmen müssen, bevor sie ausgeführt wird. Im Fall der rund ein Drittel aller XEMs, die erst in Zukunft verteilt werden, muss eine Mehrheit der NEM-Teilhaber zustimmen.

4.5.7 Weitere Innovationen

Die NEM-Plattform ermöglicht eine Reihe von Funktionen, die über das Bezahlen hinausgehen. Zum Beispiel kann man über die NEM-Plattform verschlüsselte Nachrichten verschicken. Außerdem verfügt NEM mit *Namespace* über ein internes System zur Verwaltung von Namen, das mit den Name-Servern für Internet-Domains vergleichbar ist. Eine besonders vielseitige Funktion sind die sogenannten *Mosaics*, mit denen man alle möglichen Wertobjekte definieren und über das Netzwerk übertragen kann. Die systeminterne Währung XEM ist lediglich eines von vielen Mosaics, die NEM-User nutzen können. Über weitere Funktionen wird in der NEM-Community eifrig diskutiert. Die nächste Version der NEM-Software ist für 2017 angekündigt und trägt den vielversprechenden Namen *Catapult*.

4.5.8 Fazit

Die NEM-Entwickler wollen vieles anders machen als Bitcoin und eine neue, gerechtere Ökonomie zu schaffen. Mit diesem hehren Anspruch hat es NEM immerhin geschafft, seinen Wert von Januar bis Mai 2017 zu verachtzigfachen.[41] Ich bin persönlich immer etwas skeptisch, wenn sehr viele Dinge gleichzeitig ausprobiert werden. Aber NEM gehört sicher zu den Kryptoprojekten, deren Entwicklung man genau beobachten sollte.

4.6 Zur Auswahl der globalen Bezahlcoins

Warum habe ich gerade diese fünf Cryptocoins für das vorliegende Kapitel ausgewählt? Ganz sicher nicht, um damit eine Kaufempfehlung auszusprechen. Es gibt einige, die durchaus ebenfalls einer Betrachtung wert wären, zum Beispiel Zcash, dessen Entwickler eine noch höhere Anonymität versprechen als bei Dash oder Monero, oder PIVX, ein Cryptocoin, der aus Dash entstanden ist und eine basisdemokratische Entscheidungsfindung anstrebt. Doch irgendwo musste ich eine Grenze ziehen. Daher habe ich mich auf Coins konzentriert, die sich zur Zeit der Recherche (Mai 2017) nach ihrer Marktkapitalisierung unter den Top Ten befanden. Ripple habe ich übrigens bewusst nicht berücksichtigt, obwohl es bei Coinmarketcap als Nummer Drei gelistet wird. Es handelt sich dabei um eine Datenbanklösung ohne Blockchain, über die Banken ihre Zahlungsabwicklung günstiger betreiben können, also um keinen echten Cryptocoin. Es wundert mich daher, dass Ripple in den gängigen Rankings überhaupt aufgelistet ist.

Die Zusammensetzung der Top Ten kann sich natürlich schnell ändern. Mir geht es vor allem darum, dass Sie als Leser verstehen, an welchen Punkten sich die vielen hundert Cryptocoins voneinander unterscheiden und wo sie einander ähneln. Zur Vermittlung dieses Verständnisses scheinen mir die fünf vorgestellten Coins gut geeignet zu sein.

Jede Investition in einen Cryptocoin ist eine Wette auf die Zukunft. Ob es die bessere Wahrung der Anonymität oder die höhere Geschwindigkeit ist, die einen Coin zu einem Erfolg machen wird, kann niemand vorhersagen. Vielleicht ist es die Vielseitigkeit oder die Gerechtigkeit einer Krypto-Lösung, die überzeugt. Vielleicht sorgt der Netzwerk-Effekt dafür, dass sich der Marktführer Bitcoin trotz seiner Schwächen durchsetzt.

Wer in Cryptocoins investieren möchte, sollte sich immer des hohen Risikos bewusst sein. Dabei kommt es sehr darauf an, was für eine Anlagestrategie man verfolgt. Man kann Glück haben und einen neuen, noch unterbewerteten Coin entdecken. Wenn er sich als der nächste Monero, Dash oder XEM entpuppt und sein Kurs in die Höhe schießt, kann man gut daran verdienen. Doch man kann genauso gut daneben liegen und viel Geld verlieren.

Manche handeln pro Tag viele verschiedene Coins und legen dabei mehr Wert auf kurzfristige Kurssprünge als auf langfristige Zukunftschancen. Andere investieren lieber in bekannte Coins, die sich bewährt haben.

Ich persönlich würde immer nur in Coins investieren, die ich einigermaßen verstehe und von deren Vorteilen ich überzeugt bin. Doch das muss jeder für sich selbst entscheiden.

5. Global denken, lokal handeln

Cryptocoins für lokale Zahlungen

David Bowie auf dem 10-Brixton-Pound-Schein

Man könnte denken, dass internetbasiertes Geld von Natur aus einen globalen Charakter haben muss, so wie es bei Bitcoin und den anderen in Kapitel 4 beschriebenen Cryptocoins der Fall ist. Doch es gibt eine Reihe von Coins, die bewusst für einen lokal begrenzten Markt konzipiert sind.

Lokale Währungen sind nichts Neues. Schon lange gibt es privat herausgegebene Währungen, die parallel zur offiziellen Währung existieren und nur in bestimmten Regionen, Städten oder Stadtteilen gelten. Sie sollen die lokale Wirtschaft fördern, indem sie die Menschen dazu bringen, ihr Geld gezielt in Geschäften vor Ort auszugeben. Bekannte Vertreter sind zum Beispiel der *Chiemgauer*, der in der bayerischen Region um den

Chiemsee gilt, oder das *Brixton Pound*, das für den Londoner Stadtteil Brixton geschaffen wurde.

Bei den bisherigen Lokalwährungen musste man jedoch stets einer zentralen Stelle vertrauen, die das Geld herausgab. Die Position einer privaten »Zentralbank«, auch wenn sie nur für einen Stadtteil oder eine Region gilt, kann leicht missbraucht werden. Hier bieten Cryptocoins, die ohne zentrale Ausgabestelle auskommen, eine interessante Alternative.

Außerdem wurden einige Cryptocoins entwickelt, die statt Regionen ganze Nationalstaaten umfassen, allerdings bisher mit wenig Erfolg.

5.1 Auroracoin

Der isländische *Auroracoin* ist der erste einer Reihe von nationalen Cryptocoins. Er wurde im April 2014 von einem Entwickler gestartet, der das Pseudonym Baldur Friggjar Óðinsson nutzt – einen aus der isländischen Sagenwelt stammender Namen.[42] Der kleine Inselstaat Island litt besonders stark unter der weltweiten Finanzkrise von 2008. Ein Viertel der isländischen Hausbesitzer konnte seine Kredite nicht mehr bedienen, viele Banken gingen pleite. Die isländische Krone wurde massiv abgewertet, Überweisungen ins Ausland wurden eingeschränkt. Sogar der Erwerb von Bitcoins war durch die isländische Zentralbank offiziell verboten. Island schien daher das ideale Terrain für ein Experiment dieser Art zu sein.

»Die Menschen in Island werden auf dem Altar eines mangelhaften Finanzsystems geopfert.«, schreibt Baldur Friggjar Óðinsson in seinem Auroracoin-Manifest.⁴³ »Dieses System wird von einer Elite kontrolliert, die Wetten in astronomischer Höhe abschließt. Sie wird von Regierungen unterstützt, die behaupten, im Namen der Menschen zu handeln, aber in Wirklichkeit auf Kosten der Menschen agieren. Die Macht muss den Politikern genommen und den Menschen zurückgegeben werden.«

Die erste Version des Auroracoins basierte auf dem Litecoin-Code.⁴⁴ Die Hälfte aller verfügbaren Auroracoins wurde bereits im Voraus geschürft. Durch einen sogenannten *Airdrop*, also einen »Abwurf aus der Luft«, sollte der Auroracoin gleichmäßig auf alle Bürger Islands verteilt werden. Dieser Begriff geht auf den ehemaligen US-Zentralbankchef Ben Bernanke zurück, der seinerzeit eine Wirtschaftskrise damit lösen wollte, frisch gedrucktes Geld aus dem Hubschrauber abzuwerfen.

Der Auroracoin-Airdrop erfolgte in drei Phasen von März 2014 bis März 2015. Dabei wurden rund 4,4 Millionen Auroracoins an etwa 43.000 Isländer verteilt, die sich mit ihrer Sozialversicherungsnummer für diese Aktion registriert hatten – immerhin mehr als 13 % der Bevölkerung. Kurz vor dem Airdrop war der Auroracoin auf fast 100 US-Dollar gestiegen und damit der Cryptocoin mit der dritthöchsten Marktkapitalisierung. Die pro Bürger ausgeschütteten 31,8 Auroracoins waren also eine Menge Geld wert. Am ersten Tag des »Abwurfes aus der Luft« lag der Kurs allerdings nur noch bei 12,11 US-Dollar. Am nächsten Tag stürzte er um 50 % ab, um dann ins Bodenlose zu fallen. Die meisten Isländer glaubten offensichtlich nicht wirklich an den Auroracoin, sondern waren nur darauf aus, ihn an diversen Tauschbörsen möglichst schnell in andere Währungen umzutauschen. Am Ende der ersten Airdrop-Phase im Juli 2014 war ein Auroracoin nur noch 11 Cent wert.

5. Global denken, lokal handeln

In den beiden weiteren Airdrop-Phasen musste die Menge der ausgeschütteten Coins deutlich erhöht werden, um überhaupt noch das Interesse der Isländer zu wecken. Von seinem Tiefstand von 2 US-Cent im November 2015 ist der Kurs des Auroracoin heute immerhin wieder auf rund 50 Cent gestiegen[45], doch im Allgemeinen wird das Experiment als Flop angesehen.[46]

Erstaunlich ist, dass das Auroracoin-Team von der Regierung über die Datenbank *Íslykill* Zugang zu den Daten aller isländischen Bürger erhielt, um den Airdrop durchzuführen. Einige Politiker distanzierten sich jedoch später vom Auroracoin und bezeichneten das ganze Projekt als Betrug.[47]

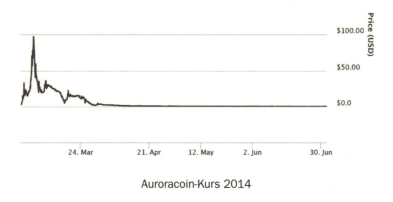

Auroracoin-Kurs 2014

Ich halte Auroracoin nicht für ein Betrugsmodell, sondern vermute, dass die Auroracoin-Macher bei allem Enthusiasmus nicht verstanden haben, was gutes Geld ausmacht. Ein Gut muss knapp und nützlich sein, um einen Wert zu haben, und das trifft insbesondere auf Geld zu. Der Auroracoin hat keinen Nutzen außer als Spekulationsobjekt, denn kaum ein Geschäft in Island akzeptiert ihn als Zahlungsmittel. Und knapp ist ein Gut, das jeder umsonst erhalten kann, schon gar nicht.

5.2 Weitere »Nationalcoins«

Auroracoin fand einige Nachahmer, zum Beispiel den *Spaincoin*, den *Greececoin* und den zypriotischen *Aphroditecoin*. Auffällig ist, dass sie bevorzugt in Euro-Krisenländern gestartet wurden. Das Rezept war das gleiche wie beim isländischen Vorbild: Man nehme einen bekannten Coin und ändere den Code ein wenig ab. Dann schürfe man viele Coins, ohne dass die Welt davon erfährt (das sogenannte *Pre-Mining*), und schütte eine bestimmte Menge davon an jeden Bürger der Region aus.

Das klingt zwar nett, doch man sollte sich als Cryptocoin-Entwickler besser nicht an den Ratschlägen eines Zentralbankers wie Ben Bernanke orientieren. Es gibt nämlich einen großen Unterschied zwischen staatlichem Zwangsgeld und Cryptocoins: Der Staat kann die Bürger per Gesetz verpflichten, sein eigentlich wertloses Geld anzunehmen. Cryptocoins müssen sich hingegen auf dem freien Markt durchsetzen. Das funktioniert nur, wenn sie einen so großen Nutzen bieten, dass die Menschen sie freiwillig und ohne jeden Zwang akzeptieren.

Die meisten dieser Projekte sind daher gescheitert und existieren nicht mehr. Eine Ausnahme ist der *Scotcoin*, der immerhin auf eine Marktkapitalisierung von rund 5 Millionen US-Dollar kommt und heute deutlich über seinem Ausgabekurs steht. Wahrscheinlich liegt sein relativer Erfolg darin begründet, dass die Schotten bisher keinen eigenen Staat und keine eigene Währung haben. Der Scotcoin ist also weniger als praktisches Gut, sondern eher als Demonstration schottischer Unabhängigkeit zu verstehen.

Ein Ziel der Entwickler all dieser Projekte war es, Aufmerksamkeit für Cryptocoins zu schaffen. Ob das funktioniert hat, darf bezweifelt werden. Gescheiterte Projekte sind für viele ja eher abschreckend. Andererseits ist bekanntlich jede Presse nützlich, selbst schlechte. In Island hat vermutlich fast jeder Bürger von Cryptocoins gehört, und manch einer nutzte nach dem Absturz des Auroracoins vielleicht Bitcoin, Litecoin oder Dash, um die Kapitalverkehrskontrollen zu umgehen, die erst im März 2017 wieder aufgehoben wurden.

Website des Scotcoins

Das Hauptproblem von nationalen Coins liegt meiner Ansicht nach darin, dass der Nationalstaat des 19. Jahrhunderts nicht die richtige Größe hat, um heute noch zu funktionieren (hat er überhaupt je funktioniert?). Klein- und Stadtstaaten oder nicht-lokale Communities scheinen mir deutlich besser für das menschliche Zusammenleben geeignet zu sein. Bei Cryptocoins wird dies besonders deutlich. Entweder eine Cryptowährung funktioniert weltweit über die künstlichen Grenzen von Nationalstaaten hinweg. Oder sie bedient eine natürlich gewachsene Nachbarschaft, in der die Menschen sich kennen und täglich miteinander umgehen.

5.3 Gulden

Eine Bestätigung dieser These ist der niederländische *Gulden*. Diese Cryptowährung heißt tatsächlich genauso wie die staatliche Währung der Niederlande, bevor sie durch den Euro abgelöst wurde. Scheinbar handelt es sich hier also um einen weiteren »Nationalcoin« im Stil Auroracoins. Doch obwohl der digitale Gulden ursprünglich für die Niederlande konzipiert war, hat er heute Nutzer in aller Welt und eine Marktkapitalisierung von rund 27 Millionen US-Dollar.

Einen »Abwurf aus der Luft« gab es beim Gulden nicht. Stattdessen legte das Entwicklerteam um den User-Experience-Designer Rijk Plasman von Anfang an besonders großen Wert auf Nutzerfreundlichkeit und Akzeptanz bei möglichst vielen Händlern. Die Niederlande dienten sozusagen als Testlabor, um auszuprobieren, was Ladeninhabern und Konsumenten wichtig ist. Design spielt in den Niederlanden traditionell eine wichtige Rolle, die Menschen sind daher verwöhnt und anspruchsvoll. Selbst amtliche Formulare sind in den Niederlanden deutlich besser gestaltet als in Deutschland.

»Unsere vor Kurzem gestarteten iPhone- und Android-Apps sind sehr simpel, jeder kann sie ohne Gebrauchsanweisung bedienen«, sagt Rijk Plasman. »Unsere Konkurrenten sind nicht andere Cryptocoins, sondern herkömmliche Währungen. Wir müssen also besser sein als Bezahl-Apps auf Euro- oder Dollar-Basis.«[48]

Der Gulden passt also nur dem Namen nach in die Kategorie der lokal begrenzten Cryptocoins. Durch seinen Schwerpunkt auf einfacher Bedienbarkeit hat er sich zu einem ernstzunehmenden Konkurrenten für Bitcoin, Litecoin, Dash und Co. entwickelt.

»In den Niederlanden ist der Name Gulden natürlich positiv besetzt«, sagt Rijk. »Er erinnert an früher, als alles besser war als mit dem Euro. Aber überraschenderweise funktioniert der Name auch international sehr gut, weil er wie Gold klingt.«[49]

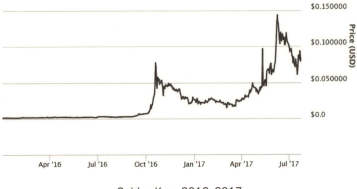

Gulden-Kurs 2016–2017

5.4 Tel Aviv Schekel

Einen anderen Weg gehen die Entwickler des *Tel Aviv Schekel* von der israelischen Firma Colu. Sie bieten eine Blockchain-basierte Software-Lösung an, mit der man auf einfache Weise lokale Währungen erzeugen kann.

»Unsere Plattform erlaubt es Nutzern, digitale *Assets* herauszugeben, die Werte in der realen Welt repräsentieren«, sagt Colus Mitgründer Mark Smargon. »Wir stellten bald fest, dass ein großer Bedarf für lokale Anwendungen besteht. Deshalb haben wir uns zunächst auf lokale digitale Währungen fokussiert.«[50]

Der erste Testmarkt war der Hipster-Stadtteil Florentin im Süden von Tel Aviv, wo Colus lokale Währung als *Florentin Schekel* startete. Mit einer mobilen App kann man die Geschäfte auf einer Karte finden. Ob Restaurants, Bars, Modegeschäfte oder Wäschereien, die Dichte ist hoch. Die Colu-App wird direkt zum Bezahlen verwendet. Der lokale Schekel hat beim Einkauf den Wert eines offiziellen israelischen Schekels (ca. 0,26 Euro), kostet aber im Einkauf 15 % weniger. Die Geschäfte bieten also einen Rabatt, wenn man mit ihm zahlt. Sein lokales Schekel-Konto kann man direkt über die App per Kreditkarte aufladen. Was noch fehlt, ist die Funktion, dafür Bitcoins und anderen Cryptocoins zu nutzen.

Die Zahlung läuft denkbar einfach ab. Man klickt in der App auf das entsprechende Geschäft, gibt die zu zahlende Summe über eine Bildschirm-Tastatur ein und klickt auf *Pay* – schon ist das Geld unterwegs. Keine QR-Codes, keine kryptischen Adressen, keine Mining Fee. Durch die direkte Koppelung an die gewohnte Währung, den israelischen Schekel, muss man nichts umrechnen, sodass eine weitere Hemmschwelle für die Nutzung entfällt.

Bezahlen mit Tel Aviv Schekel

Mittlerweile gibt es auch in anderen Stadtteilen der israelischen Metropole Geschäfte, die das mobile Geld akzeptieren, sodass aus dem *Florentin Schekel* ein *Tel Aviv Schekel* wurde. Heute (Mai 2017) akzeptieren über 70 Geschäfte in Tel Aviv den lokalen Schekel. Einen weiteren lokalen Colu-Coin gibt es in Jaffa im Südwesten von Tel Aviv. Mit dem *Pisch Pesch Schekel*, der nach Jaffas stadtbekanntem Flohmarkt benannt ist (»Pisch Pesch« heißt auf Hebräisch »Floh«), kann man in mehr als 50 Geschäften Jaffas bezahlen.

Die über 2500 Jahre alte Stadt wurde zwar bereits 1950 in das erst 1908 gegründete, aber viel größere Tel Aviv eingemeindet und wird nicht nur von arabischen, sondern mittlerweile auch

5.4 Tel Aviv Schekel

von vielen jüdischen Israelis bewohnt. Dennoch legen die Bewohner von Jaffa offensichtlich großen Wert auf ihre Eigenständigkeit und ihre eigene lokale Währung. Der Wert des Pisch Pesch beträgt ebenfalls einen israelischen Schekel. Auch der 15-prozentige Rabatt ist identisch zur Lokalwährung von Tel Aviv. Doch in der App muss man vor der Nutzung die Entscheidung treffen, ob man zur Community von Tel Aviv oder zu der von Jaffa gehören möchte. Man kann mit Tel Aviv Schekeln nicht in Jaffa bezahlen und auch nicht mit Pisch Pesch in Tel Aviv.

Die lokalen Währungen sind für Colu nur ein erster Schritt, um Blockchain-Technologie zur Lösung konkreter Probleme in der realen Welt einzusetzen. »Wir werden in Zukunft auch eine Blockchain-basierte Banklösung veröffentlichen«, verrät Mark Smargon. »Sie wird alles bieten, was man braucht, um eine lokale Bank mit sehr geringen IT-Kosten zu betreiben.«[51]

5.5 Liverpool Local Pound

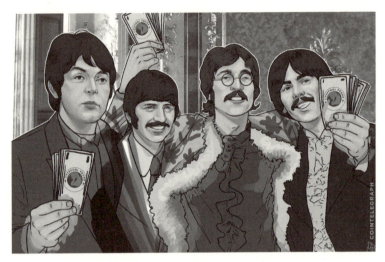

Die Beatles würden mit Cryptocoins zahlen

Liverpool war die erste Stadt außerhalb Israels, in der Colu eine lokale Währung auf Cryptobasis startete. Dazu ging das israelische Start-up eine Partnerschaft mit *Independent Liverpool* ein, einem Zusammenschluss lokaler Bars, Cafés, Restaurants und Einzelhändler. Der Test begann mit 25 Geschäften, mittlerweile (Mai 2017) wird das *Liverpool Local Pound* in über 60 Geschäften akzeptiert. Auch hier bekommt man für sein digitales Pfund den Gegenwert eines britischen Pfundes, muss aber 15 % weniger dafür bezahlen. Ein weiteres Colu-Testprojekt gibt es im Osten Londons. Colus Wahl für die internationale Expansion fiel auf Großbritannien, weil lokale Währungen hier schon relativ verbreitet sind. Am bekanntesten ist wohl das *Brixton Pound*, dessen Zehn-Pfund-Note ein Bild des aus Brixton stammenden David Bowie schmückt. Doch Angst vor der Konkurrenz der

5.5 Liverpool Local Pound

bereits bestehenden Lokalwährungen haben die Colu-Macher keine.

»Lokale Währungen sind keine neue Idee, schon gar nicht in Großbritannien«, sagt Amos Meiri, der Mitgründer von Colu. »Der Grund, warum sie nie wirklich groß und erfolgreich geworden sind, liegt darin, dass sie bisher von Freiwilligen auf gemeinnütziger Basis organisiert wurden. Wir sind hingegen ein sehr ambitioniertes Start-up mit Investoren, die uns unterstützen.«[52]

Während das Brixton Pound und andere britische Lokalwährungen eigene Scheine herausgeben, gibt es das Liverpool Local Pound ausschließlich digital auf dem Handy. Jeder Händler zahlt eine Monatsgebühr von 20 Pfund für die Teilnahme, die auch eine Platzierung auf einem digitalen Stadtplan Liverpools umfasst. In Zukunft soll außerdem eine Transaktionsgebühr von 5 % erhoben werden, wenn man *Liverpool Pounds* in normale britische Pfund zurücktauscht. Das eigentliche Geschäftsmodell liegt jedoch woanders. Langfristig will Colu aus dem Kaufverhalten der Nutzer Rückschlüsse ziehen und diese an Firmen für ihr Marketing verkaufen.

»Als Kind bin oft für meine Mutter Gemüse einkaufen gegangen«, erzählt Amos Meiri. »Der Gemüsehändler kannte meinen Namen und wusste, welches Gemüse meine Mutter gern mochte. Diese persönliche Erfahrung ist heute in Großstädten verloren gegangen. Wir wollen sie zurückbringen.«[53]

Die Grundidee ist bei allen lokalen Währungen die gleiche: Ein Großteil des Geldes bleibt in der Nachbarschaft, zirkuliert dort und fördert so die Wirtschaft vor Ort. Die Menschen sollen einen Anreiz bekommen, statt bei internationalen Ketten wie Starbucks, McDonalds oder H&M lieber bei lokalen Anbietern einzukaufen.

5.6 Zur Auswahl der lokalen Bezahlcoins

Die Auswahl für dieses Kapitel war nicht so schwer, denn besonders viele Kandidaten gibt es bisher nicht. Die meisten nationalen Coins wie Auroracoin oder Spaincoin sind gescheitert. Ich habe sie beschrieben, weil sie ein interessantes Phänomen darstellen, doch investieren würde ich nicht in sie. Der Gulden ist ein Sonderfall. Er ist als niederländische Währung gestartet, findet aber mittlerweile internationale Akzeptanz.

Lokale Währungen auf Cryptobasis, wie sie Colu anbietet, halte ich für eine sehr gute Idee. Sie können Blockchain-Technologie normalen Nutzern näherbringen und populär machen. Als Investitionsobjekt sind sie allerdings weniger geeignet. Die lokalen Coins von Colu werden an keiner Cryptobörse gehandelt, sie haben nur vor Ort einen Wert. Ich könnte mir vorstellen, dass Colu irgendwann selbst einen digitalen Token herausbringt, über den man an den Firmengewinnen beteiligt wird, doch derzeit ist das nicht geplant.

6. Nutzung nur für Eigentümer

Cryptocoins für besondere Dienste

Die im Folgenden beschriebenen Cryptocoins sind keine allgemeinen Zahlungsmittel. Sie werden benötigt, um eine bestimmte Software zu nutzen. Daher nennt man sie auch *Appcoins*, denn sie gelten nur innerhalb einer bestimmten *Application* (Anwendungssoftware). Auch Bitcoin und die anderen Bezahlcoins sind in gewisser Weise Appcoins: Nur, wer Bitcoin besitzt, kann am weltweiten Zahlungssystem mit dem gleichen Namen teilnehmen. Der Unterschied: Die Coins in diesem Kapitel gelten für Software-Lösungen, die nicht als allgemeines Zahlungsmittel, sondern anderen Zwecken dienen.

6.1 Ethereum

Ethereum ist der Cryptocoin mit der zweithöchsten Marktkapitalisierung nach Bitcoin und wird von einigen irrtümlich als »Bitcoin-Konkurrent« bezeichnet. Doch bei Ethereum geht es nicht darum, Euro, Dollar oder Bitcoin als Zahlungsmittel zu ersetzen. Seine Ziele sind noch wesentlich anspruchsvoller. Das Ethereum-Entwicklerteam um den russischstämmigen Kanadier Vitalik Buterin will eine Art weltweiten, dezentralisierten Supercomputer schaffen.

Dazu muss man wissen, dass bei Bitcoins und vielen Cryptocoins nicht nur einfach Geld überwiesen wird, sondern dass in jeder Überweisung auch Programmcode enthalten sein kann. Bei Bitcoin kann man zum Beispiel damit ein Datum festlegen, an dem eine Zahlung zu erfolgen hat. Oder man bestimmt, dass eine Zahlung nur möglich ist, wenn mehrere Menschen sie über das sogenannte *Multi-Signature*-Verfahren (siehe 3.1.2) abzeichnen.

Satoshi Nakamoto hat die Möglichkeiten der Bitcoin-Programmierung bewusst knapp gehalten, denn sein alleiniges Ziel war es, digitales Bargeld zu schaffen. Er wollte all die Sicherheitsrisiken vermeiden, die komplexe Software mit sich bringt. Für Ethereum wurde hingegen eine Programmiersprache namens *Solidity* geschaffen, in der sich grundsätzlich jede Art von Software schreiben lässt. Diese Software läuft auf allen Knoten des Ethereum-Netzwerks. Auf diese Weise können viele Computer zusammenarbeiten, was eine gewaltige Rechenleistung ermöglicht. Die systeminterne Währung *Ether* dient dazu, den Betreibern von Netzwerk-Knoten die bereitgestellte Rechenleistung zu vergüten.

Es ist nicht leicht zu verstehen, wozu ein solcher dezentralisierter Supercomputer tatsächlich gut sein soll. Als Vorteile nennen die Entwickler, dass Zensur, Betrug oder die Manipulation durch Dritte bei Ethereum ausgeschlossen sind. Im Ethereum-Netzwerk laufen alle Programme, ohne dass man einer dritten Partei vertrauen müsste, wie etwa einem System-Administrator oder einem Unternehmen, das die benutzte »Cloud« betreibt. Das erinnert an das Prinzip von Bitcoin, bei dem Banken und sonstige Mittelsmänner ausgeschlossen sind. Beide Systeme kommen ohne Vertrauen in Dritte aus.

»Bitcoin ist wie ein Buch, in dem man nur in einer Sprache schreiben kann und nur über die Bewegungen von Leuten«, beschreibt Ethereum-Vordenker Vitalik Buterin den Unterschied zwischen

Bitcoin und Ethereum. »Ethereum ist flexibler. Unser Buch ist in universellen mathematischen Formeln geschrieben.«[54]

6.1.1 Smart Contracts

Eine konkrete Anwendung der Ethereum-Plattform sind sogenannte *Smart Contracts* (»Kluge Verträge«, siehe Abschnitt 2.9). Viele Appcoins haben keine eigene Blockchain, sondern basieren auf Smart Contracts, die über die Ethereum-Blockchain laufen. Ethereum ist die bekannteste, aber nicht die einzige Lösung für Smart Contracts. Besonders zu erwähnen sind Rootstock aus Argentinien, die ihre Smart Contracts über die Bitcoin-Blockchain absichern.

Da Smart Contracts eine wichtige Grundlage des *Internet of Things* sind (siehe Abschnitt 2.9) haben Firmen wie IBM, Samsung und Microsoft, die daran arbeiten, Kooperationen mit Ethereum geschlossen. Rootstock hat ebenfalls einige Partnerschaften in diesem Bereich vereinbart, unter anderem mit Toyota.

6.1.2 Initial Coin Offering

Ethereum finanzierte sich durch einen der ersten erfolgreichen *ICOs*. Im Juli 2014 wurden 60 Millionen Ether für etwa 30.000 Bitcoins verkauft – zum damaligen Zeitpunkt waren das rund 14 Millionen US-Dollar. Damals betrug der Preis eines Ethers rund 30 US-Cent. Im Juni 2017 wurde ein Ether an den Börsen für rund 380 US-Dollar gehandelt – eine beachtliche Steigerung um mehr als das Tausendfache.[55]

6.1.3 Hard Fork

Im Juli 2016 splittete sich Ethereum in zwei Blockchains auf, Ethereum und Ethereum Classic. Der Grund dafür war ein spektakulärer Hack. Im Juni ging *The DAO* an den Start, eine Art virtueller Investment Fund auf Ethereum-Basis, bei dem die Community demokratisch über Investments entscheiden sollte (siehe Abschnitt 7.5). Mit rund 150 Millionen US-Dollar war es seinerzeit der erfolgreichste Crowdsale aller Zeiten. Doch kurz darauf erbeutete ein Hacker durch einen Fehler im Code rund ein Drittel dieser Summe.

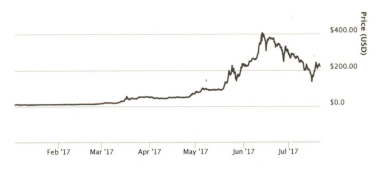

Ether-Kurs Januar – Juli 2017

Die Ethereum-Community entschied sich mehrheitlich dafür, per *Hard Fork* das verlorene Geld zurückzuholen, indem man die Blockchain ab dem Hack für ungültig erklärte. Doch ein Teil der Entwickler sah dies als Widerspruch zur Philosophie des Projektes an. Wenn man einfach so die Geschichte umschreiben und gültige Überweisungen rückgängig machen könnte – kann man dann noch von einem dezentralen Netzwerk sprechen, bei dem man niemandem vertrauen muss?

Trotz der harten Gabelung und der Aufspaltung in zwei Blockchains hat sich der Kurs des Ethers seit Juli 2016 prächtig entwickelt. Während er vor der Spaltung zwischen 10 und 15 US Dollar schwankte, liegt er im Juli 2017 bei rund 200 US-Dollar. Auch der »klassische« Ether hat sich von seinen ursprünglich 80 Cent beim Hard Fork auf über 15 US Dollar im Juli 2017 gesteigert.[56]

6.1.4 Fazit

Ich bin grundsätzlich eher skeptisch bei Projekten, die nichts weniger als die Weltrevolution versprechen, aber für normale Menschen kaum zu verstehen sind. Hinzu kommt, dass die Verwendung einer voll funktionsfähigen Programmiersprache in einer Blockchain unkalkulierbare Sicherheitsrisiken mit sich bringt. In so einer Sprache können ja nicht nur »kluge Verträge«, sondern auch bösartige Viren programmiert werden. Dennoch wird Ethereum offensichtlich viel Vertrauen entgegengebracht. Viele der erfolgreichen *Initial Coin Offerings* der letzten Zeit basieren auf Smart Contracts, die über die Ethereum-Blockchain laufen. Selbst der desaströse DAO-Hack hat Ethereum nicht wirklich geschadet: Sowohl Ethereum als auch Ethereum Classic sind weiterhin in den Top Ten der Cryptocoins zu finden. Man sollte die Entwicklung von Ethereum also auf jeden Fall verfolgen, wenn auch mit kritischem Blick.

6.2 Safecoin

Das SAFE Network der schottischen Firma Maidsafe hat das Ziel, den ungenutzten Speicherplatz auf den Rechnern vieler User nutzbar zu machen. SAFE steht dabei für *Secure Access For Everyone*, also »sicherer Zugang für alle«. Bisher speichern viele Menschen ihre Daten auf Servern von Firmen wie Google oder Dropbox. Diese Firmen haben vollen Zugriff auf die Daten, sie können sie zum Beispiel löschen, blockieren, an Dritte verkaufen oder an Behörden weiterreichen.

Beim SAFE Network werden die Daten hingegen in kleine Pakete zerteilt, verschlüsselt und dann mehrfach im gesamten Netzwerk gespeichert. Die Daten sind dann nur noch für ihren jeweiligen Eigentümer zugänglich. Dies soll die Sicherheit erhöhen und die Privatsphäre der Nutzer schützen. »Jedes Jahr werden Milliarden von Datensätzen gestohlen«, sagt Nick Lambert, der bei Maidsafe das operative Geschäft leitet. »Es besteht also kein Zweifel daran, dass so ein Produkt gebraucht wird.«[57]

Wer seinen ungenutzten Speicherplatz zur Verfügung stellt, wird dafür mit der systemeigenen Währung Safecoin belohnt. Sie ist frei verkäuflich und wird an diversen Krypto-Börsen gehandelt. Auf Basis des SAFE-Netzwerks sollen auch Anwendungsprogramme laufen. Programmierer, die solche Apps zur Verfügung stellen, werden in Safecoin entlohnt.

6.2 Safecoin

6.2.1 Huckepack auf der Bitcoin-Blockchain

Bereits seit 2006 arbeitet ein Team um den schottischen Entwickler David Irvine an der Idee. Doch erst der texanische Investor und Bitcoin-Fan David Johnston überzeugte die Safecoin-Entwickler Anfang 2014 davon, eine eigene Cryptowährung für ihr Projekt einzusetzen.

Der Safecoin hat jedoch keine eigene Blockchain, sondern läuft über das *Omni*-Protokoll. Dies ist eine zweite Ebene, die auf Bitcoin aufsetzt. Man kann damit eigene Wertobjekte definieren, wie zum Beispiel den Safecoin. Der Vorteil eines solchen Huckepack-Verfahrens: Man braucht keine eigene Blockchain und kein eigenes Netzwerk aufzubauen, sondern nutzt ein bereits bestehendes.

»Wir speichern jedoch nicht alle Transaktionen wie bei Bitcoin«, erklärt Nick Lambert. »Nur der aktuelle und der vorige Eigentümer des Safecoins werden gespeichert, es ist also eher wie bei Bargeld. Dadurch vermeiden wir die Skalierungsprobleme, die es bei vielen Blockchain-Projekten gibt.«[58]

6.2.2 Initial Coin Offering

Am 22. April 2014 bot Maidsafe seinen Safecoin zum Verkauf an Investoren an. Die Kaufperiode war eigentlich auf 30 Tage angesetzt, doch bereits nach fünf Stunden waren alle angebotenen Safecoins zum Preis von damals umgerechnet sieben Millionen US-Dollar ausverkauft. Safecoin war damit das zweite erfolgreiche *Initial Coin Offering* nach *Mastercoin*, noch vor Ethereum.

6. Nutzung nur für Eigentümer

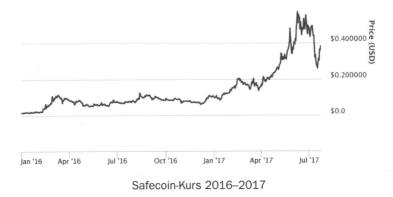

Safecoin-Kurs 2016–2017

6.2.3 Fazit

Die Idee, Datenspeicherung zu dezentralisieren und damit sicherer und anonymer zu machen, halte ich für sehr gut. Die Maidsafe-Entwickler sind allerdings nicht die einzigen, die an diesem Thema arbeiten. Auch Storj, Sia und Filecoin wollen die Datensicherung dezentralisieren. Man fragt sich, warum Maidsafe so lange dafür braucht, mit einem echten Produkt auf den Markt zu kommen, wenn sie doch bereits seit 2006 dabei sind. Auch seit dem ICO im April 2014 gab es bisher nur Tests im kleinen Kreis. Aber wer weiß: Manchmal brauchen gute Projekte eben etwas länger. Der Kurs des Safecoin (der bei Coinmarketcap.com fälschlich als Maidsafecoin gelistet wird) hat sich jedenfalls seit seinem ICO von 0,01 auf einen Höchstwert von rund 0,57 US-Dollar (Juni 2017) gesteigert.[59]

6.3 Golem

Das polnische Unternehmen Golem bezeichnet sich als »AirBnB für Computer«. Die Idee ist, dass jeder Besitzer eines Computers seine ungenutzten Rechenleistungen auf einem Marktplatz anbieten kann. Abnehmer sind Leute, die sehr viel Rechenleistung benötigen, zum Beispiel für 3D-Computeranimationen, künstliche Intelligenz oder sonstige wissenschaftliche Forschung. Die Idee, ungenutzte Rechnerleistung für Großprojekte anzuzapfen, ist nicht neu. Zum Beispiel arbeitet das Projekt SETI@Home, in dem nach außerirdischer Intelligenz geforscht wird, nach einem ähnlichen Muster. Doch bei SETI@Home stellen die Teilnehmer ihre Rechenleistung kostenlos zur Verfügung. Eine Vergütung war bisher noch nicht möglich.

Golem erlaubt es hingegen jedem, seine ungenutzte Rechenleistung zu Geld zu machen. Damit werden herkömmliche Anbieter wie Renderfarmen oder Cloud-Computing-Center nicht mithalten können. Die Golem-Nutzer haben ihre Computer ja schon gekauft und vermieten nur Rechenleistung, die sie selbst nicht benötigen. So wie AirBnB-Gastgeber niedrigere Preise nehmen können als Hotels, verspricht auch Golem, Rechenleistungen deutlich zu verbilligen. Golem macht also etwas Ähnliches wie das SAFE-Netzwerk. Während dort ungenutzter

Speicherplatz von privaten Festplatten vermarktet wird, ist es bei Golem die Rechenleistung der Computer.

»Den Namen Golem haben wir aus dem Roman *Golem XIV* des Science-Fiction-Autors Stanisław Lem.«, erzählt Golem-Gründer Julian Zawistowski. »Es geht dabei um einen militärischen Supercomputer, der die Singularität erreicht und dadurch zu einer übermächtigen künstlichen Intelligenzform wird. Lem hat diesen Computer nach einem Wesen aus der jüdischen Mythologie benannt.«[60]

6.3.1 Golem Network Token auf Ethereum-Basis

Während das SAFE-Network die Bitcoin-Blockchain nutzt, ist Golem eines der zahlreichen Projekte, die auf der Ethereum-Blockchain aufsetzen. Es verwendet Ethereums *Smart Contracts*, um die Vertragsverhältnisse zwischen Käufern und Verkäufern abzubilden. Die interne Abrechnung läuft über den ebenfalls auf Ethereum basierenden *Golem Network Token*.

6.3.2 Initial Coin Offering

Im November 2016 verkaufte Golem einen Teil seiner Tokens in einem ICO an Investoren und setzte dabei innerhalb von nur 29 Minuten rund 8,6 Millionen US-Dollar um. Von seinem Ausgabekurs von rund einem Cent steigerte sich der Golem Token auf einen Höchstwert von rund 69 Cent im Juni 2017.[61]

6.3 Golem

Golem-Kurs 2017

6.3.3 Fazit

Golem ist eines der zahlreichen Projekte, die versuchen, bisher ungenutzte Ressourcen nutzbar zu machen und zu vermarkten. *Uber* und *AirBnB* haben es in der realen Welt vorgemacht, aus dieser einfachen Grundidee erfolgreiche Unternehmen aufzubauen: Uber vermittelt Taxifahrten in Privatautos, AirBnB private Unterkünfte. In der digitalen Welt kann dies noch viel schneller und effizienter gehen.

Die Hoffnungen, die von Investoren in Golem gesetzt wurden, können also durchaus berechtigt sein. Es ist jedoch alles andere als trivial, Millionen von Computern so miteinander zu vernetzen, dass dieser Plan tatsächlich aufgeht. Neben Golem arbeiten auch SONM und iEx.ec daran. Eine Investition in Golem ist also – so wie alle Investitionen in Cryptocoins – mit einem hohen Risiko behaftet.

6.4 Augur

Augur ist ein Prognosemarkt, bei dem man Wetten auf den Ausgang von Ereignissen abschließen kann. Prognosemärkte setzen auf die »Weisheit der Vielen«. Diese Theorie besagt, dass eine große Menge an Menschen, die unabhängig voneinander handeln, in ihrer Gesamtheit zu besseren Ergebnissen kommt als die klügsten Experten. Sein gleichnamiges Buch beginnt der Autor James Surowiecki mit einem Beispiel aus einem Viehmarkt.[62] Normale Besucher sollten dort das Gewicht eines Zuchtbullen schätzen. Ihre Schätzungen gingen weit auseinander, doch der Durchschnitt aller Schätzungen lag erstaunlich nah am realen Wert – deutlich näher als die Schätzungen der besten Viehzucht-Spezialisten. Nach dem gleichen Prinzip funktionieren Wahlbörsen, bei denen man mit virtuellen Aktien der Parteien spekulieren kann. Sie prognostizieren Wahlergebnisse oft deutlich besser als Umfragen.

Auf Prognosemärkten kann man mit korrekten Aussagen Geld verdienen. Liegt man daneben, verliert man Geld. Dieser materielle Anreiz führt dazu, dass sich die Teilnehmer ehrlicher verhalten und sich mehr Mühe geben, als sie dies zum Beispiel bei einer Umfrage tun würden.

»Mein Interesse an Prognosemärkten wurde durch einen Artikel von Friedrich August von Hayek geweckt, nämlich *The Use of Knowledge in Society* (»Die Anwendung von Wissen in der Gesellschaft«)«, sagt Augur-Gründer Joey Krug. »Und zwar aus zwei Gründen: erstens, um die Zukunft genauer vorherzusagen und zweitens, um weltweite Finanzmärkte für alle denkbaren Themen zu ermöglichen.«[63]

6.4.1 Dezentralisierte Prognosen

Die Grundidee bei Augur ist es, einen dezentralisierten Prognosemarkt aufzubauen, der vollautomatisch auf Basis von Smart Contracts funktioniert. Bei herkömmlichen Prognosemärkten gibt es eine zentrale Stelle, die am Ende beurteilt, wie ein Ereignis ausgefallen ist. Man muss also dieser Zentralstelle vertrauen, denn von ihrem Urteil hängt es ab, ob man Geld gewinnt oder verliert. So wie Bitcoin ohne Vertrauen in Banken oder sonstige Mittelsmänner auskommt, funktioniert auch Augur ohne eine solche Zentralstelle.

Augur setzt die systeminterne Währung *Reputation* (kurz REP) ein, um korrekte Beurteilungen zu belohnen. Jeder, der REPs besitzt, muss in regelmäßigen Abständen darüber berichten, welche Ergebnisse tatsächlich eingetroffen sind. Wer dies regelmäßig tut und bei seinen Beurteilungen ähnlich liegt wie die Mehrheit, erhält zusätzliche REPs. Wer keine regelmäßigen Reports abliefert oder in seinen Aussagen weit vom allgemeinen Konsens abweicht, verliert an Reputation. Augur nutzt also die »Weisheit der Vielen« nicht nur bei den Wetten selbst, sondern auch, um sein eigenes System zu optimieren.

Es sind die »Schiedsrichter« des Systems, die für ihre Tätigkeit REPs benötigen. Ein REP funktioniert wie eine Art Anteilsschein am Unternehmen Augur. Je mehr REP man besitzt, desto höher der Anteil am Gewinn. Man benötigt REP jedoch nicht, um an den Wetten teilzunehmen. Dazu können andere Cryptocoins wie Bitcoin oder Ether verwendet werden.

Die Augur-Entwickler Jack Peterson und Joey Krug wollten zunächst eine Lösung auf Basis der Bitcoin-Blockchain bauen, doch dann entschieden sie sich für Ethereum, da dessen Smart Contracts bessere Möglichkeiten bieten. Auch die Systemwährung REP basiert auf Ethereum.

6.4.2 Initial Coin Offering

8,8 Millionen REPs wurden in einem ICO von August bis Oktober 2015 verkauft. Damit nahm Augur über 5,2 Millionen US-Dollar ein, die für die weitere Entwicklung zur Verfügung stehen. Augur war einer der ersten erfolgreichen ICOs auf Ethereum-Basis. Beim ICO wurde ein Großteil der insgesamt existierenden 11 Millionen REPs verkauft. Wer in Zukunft REPs erhalten will, muss als »Schiedsrichter« am System teilnehmen oder REPs auf Börsen wie Poloniex oder Kraken kaufen.

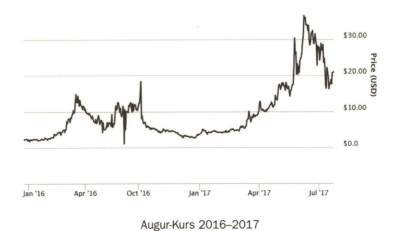

Augur-Kurs 2016–2017

6.4.3 Fazit

Als großer Fan des »Weisheit der Vielen«-Konzepts bin ich natürlich auch von Augur sehr angetan. Ob es sich als Geschäftsmodell durchsetzt, ist allerdings eine andere Frage. Bisher gibt es nur eine Beta-Version, der Start der Vollversion ist für Ende 2017 angekündigt. Wer in REPs investieren möchte, muss sich klarmachen, dass dies mit Arbeit verbunden ist. Man muss regelmäßig die Ereignisse, auf die in Augur gewettet wird, überprüfen und darüber berichten, sonst verliert man allmählich immer mehr seiner REP-Coins.

Dies scheint der Popularität von REP jedoch nicht zu schaden. Von unter 2 US-Dollar im Oktober 2015 stieg der REP-Kurs im ersten Jahr auf über 18 US-Dollar. Nach einem Absturz und einer mehrmonatigen Durststrecke hat er sich bis Juni 2017 auf über 32 Dollar hochgearbeitet.[64] Für mich ist Augur einer der interessantesten Appcoins. Ein Konkurrent, der an einem ähnlichen Konzept arbeitet, ist *Gnosis*.

6.5 Steem

Steem ist ein Cryptocoin mit einer besonderen Eigenschaft: Man kann ihn verdienen, indem man Inhalte für die mit Steem verbundene Plattform *Steemit* erzeugt. Auf Steemit kann man zum Beispiel Artikel, Bilder oder Videos posten, kommentieren und bewerten. Alle Inhalte werden in der Steem-Blockchain gespeichert.

»Soziale Medien auf Blockchain-Basis geben den Menschen ihre Freiheit zurück«, sagt Steem-Mitgründer Ned Scott. »Es gibt heute mehr und mehr Manipulationen von Inhalten, sei es durch die Algorithmen bei Facebook, die Nachrichten filtern, sei es Zensur, die wir oft auf Websites wie Reddit erleben. Bei einer Blockchain-Lösung können Inhalte nicht zensiert werden.«[65]

6. Nutzung nur für Eigentümer

Für gute Bewertungen erhält man Steem

Für das Posten von Inhalten wird man bei Steem belohnt, wenn sie von anderen Nutzern gute Bewertungen erhalten. Um Inhalte zu bewerten, benötigt man die sogenannte *Steem Power*, die ich weiter unten erkläre.

Wer einen Beitrag postet, den viele andere Nutzer als gut bewerten, erhält dafür Geld in Form von *Steem Dollars* und *Steem Power*. Auch für beliebte Kommentare gibt es Geld und sogar für den Vorgang des Bewertens selbst. Je höher die *Steem Power* eines Nutzers ist, der den Beitrag bewertet, desto mehr Geld verdient der Autor.

6.5.1 Steem Power
Steem Power kann man mit Anteilen am Projekt Steem vergleichen, ähnlich den Aktien an einem Unternehmen. Man kann Steem in Steem Power umwandeln, was zwei Vorteile hat:

1. Je höher die eigene Steem Power, desto mehr zählt die eigene Stimme. Nutzer mit sehr viel Steem Power werden »Wale« genannt. Die Stimme eines Wals zählt sehr viel mehr als die Stimme eines durchschnittlichen Nutzers.
2. Die neu erzeugten Steems werden zu 90 % an die Halter von Steem Power ausgeschüttet. Die restlichen 10 % gehen an Autoren, Kommentatoren und Bewerter. Steem Power ist über einen bestimmten Zeitraum gebunden. Man kann sie nur in wöchentlichen Raten wieder in Steem zurücktauschen. Dies dient unter anderem dazu, Panikverkäufe zu vermeiden und eine feste Bindung der Nutzer an die Plattform zu schaffen.

6.5.2 Steem Dollars

Weil digitale Währungen die Eigenschaft haben, im Kurs stark zu schwanken, was ihre Eignung für den Alltagsgebrauch erheblich einschränkt, gibt es eine weitere Einheit, nämlich den *Steem Dollar*. Er ist im Verhältnis 1:1 an den US-Dollar gekoppelt (wenigstens ungefähr – in der Realität ist das Verhältnis nicht exakt 1:1, aber das lassen wir der Einfachheit halber an dieser Stelle weg). Die Koppelung an eine bekannte Währung soll den Gebrauch von Steem für normale Menschen einfach und leicht berechenbar machen.

Ein Steem Dollar ist eine Art Derivat auf Steem, das an einen *Terminkontrakt (Future)* erinnert: Wer auf Nummer Sicher gehen will, erhält vom Käufer den Gegenwert eines US-Dollars. Der Käufer spekuliert hingegen darauf, dass der Kurs des Steem steigt und jeder Steem, den er erwirbt, also in Zukunft mehr als einen US-Dollar wert sein wird. Ein solcher Deal kann für beide Seiten nützlich sein: Der Verkäufer erhält einen garantierten Preis, egal, wie sich der Markt entwickelt; der Käufer kann einen Spekulationsgewinn erzielen, wenn seine Prognose eintrifft.

6.5.3 Wie kann man auf Steemit Geld verdienen?

Wird ein Beitrag gepostet, kann jeder Steem-Nutzer ihm seine Stimme geben. Jede Stimme bringt dem Autor einen bestimmten Betrag an Steems ein. Je höher die Steem Power des Bewerters, desto mehr erhält der Autor dafür. Der Bewerter muss dafür nichts von seinem eigenen Geld abgeben, sondern es werden die vom System neu erzeugten Steems an den Autor ausgeschüttet.

Der unter dem Artikel angezeigte Dollarbetrag entspricht der Menge an Steem zum aktuellen Marktpreis. Er kann sich also je nach Kursentwicklung ändern. Angezeigt wird der Gesamtbetrag der Ausschüttung. 75 % gehen an den Autor selbst, 25 % an Kuratoren, also an Steemit-Nutzer, die den Beitrag bewerten.

Von diesen 75 % für den Autor wird wiederum die Hälfte in Steem Power ausgezahlt. Sie ist also im System gebunden und erhöht das Stimmgewicht des Autors. Die andere Hälfte wird in Steem Dollars ausbezahlt. Diese können sofort an diversen Börsen umgetauscht werden, zum Beispiel gegen Bitcoins oder andere Cryptocoins.

6.5.4 Technische Methoden

Steem nutzt ein Verfahren, das *Delegated Proof of Stake* genannt wird. Dabei werden von den Haltern von Steem Power sogenannte *Witnesses* gewählt. Sie betreiben die Knoten des Steem-Netzwerks und erhalten das Recht, neue Blöcke an die Steem-Blockchain zu hängen. Dafür werden sie belohnt. Dieses

6.5 Steem

Verfahren geht sehr viel schneller als Bitcoins Proof of Work, sodass ein Steem-Block im Schnitt nur drei Sekunden braucht. Bei Steem fallen im Gegensatz zu fast allen anderen Cryptocoins keinerlei Transaktionsgebühren an.

6.5.5 Geschichte

Steem wurde im März 2016 von Ned Scott und Dan Larimer gestartet. Larimer war zuvor einer der Hauptentwickler des Crypto-Projekts Bitshares. Ab dem 4. Juli 2016 konnte man die auf der Steemit-Plattform verdienten Steems auf Börsen in andere Währungen umtauschen. Dies bescherte Steem einen kurzen Höhenflug. Im Juli 2016 stieg sein Kurs von rund 20 Cents auf über vier Dollar. Kurzzeitig war Steem der drittstärkste Cryptocoin.[66]

Die Nachricht, dass man mit dem Schreiben von Artikeln viel Geld verdienen konnte, verbreitete sich schnell. Wenn sich Berühmtheiten der Cryptoszene wie Charlie Shrem, Roger Ver oder Rick Falkvinge in einem Steem-Artikel vorstellten, nahmen sie mehrere tausend Dollar in Steem ein. Doch selbst neunzehnjährige Mädchen, die über ihre Hobbies schrieben und nette Bilder von sich ins Netz stellen, kassierten vierstellige Beträge. Die Steem-Community ist sehr viel heterogener und weiblicher als die der meisten anderen Cryptocoins. Auf Steemit wird nicht nur über Technologie und Kryptographie geschrieben, auch Themen wie Reisen, Kochen, Mode oder Kunst sind dort populär. Steem-Fans betonen, dass es ihnen hauptsächlich um die Inhalte und die Community geht, doch ich glaube, der finanzielle Anreiz spielt sehr wohl eine große Rolle.

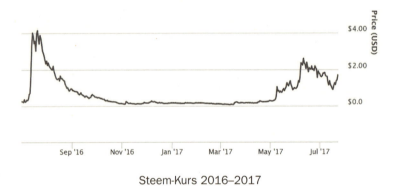

Steem-Kurs 2016–2017

Da man für Steem selbst kaum irgendwo etwas kaufen kann, tauschen die meisten Steem-User ihre verdienten Steem Dollars in Bitcoin oder andere Währungen um. Das drückt natürlich den Kurs. Von seinem Höchstkurs im Juli 2016 fiel der Steem bis November auf nur noch 7 Cent. Damit wurde auch das Geld, das man auf Steemit verdienen konnte, deutlich weniger.

Im Unterschied zu Bitcoin, dessen Menge bewusst knapp gehalten wird, betrug die Inflation bei Steem in der Anfangszeit über 100 %. Wegen des rasanten Kursabfalls wurde dies im Dezember 2016 geändert. Seitdem beträgt die Inflationsrate nur noch 9,5 %. Der Kurs erholte sich dadurch auf rund zwei US-Dollar im Juni 2017.[67]

6.5.6 Fazit

Steem ist ein interessantes Konzept, das jedoch einige Schwächen aufweist. Geld, das allzu leicht verdient werden kann, verliert natürlicherweise schnell an Wert. Hier erinnert Steem ein wenig an die »Airdrop«-Experimente von Auroracoin und anderen nationalen Cryptocoins (siehe Kapitel 5). Ein populärer Artikel auf einem Blog kann durchaus einen Wert darstellen. Eine hohe Aufmerksamkeit und regelmäßige Leser könnte man an Werbekunden vermarkten. Doch ein solches Geschäftsmodell fehlt bisher bei Steem, sodass das neu erzeugte Geld quasi verschenkt wird.

Hinzu kommt, dass es vor allem die sogenannten »Wale« mit hoher Steem Power sind, die über den finanziellen Erfolg eines Artikels entscheiden. Selbst ein sehr beliebter Artikel mit vielen hundert »Upvotes« bringt dem Autor nur geringe Beträge ein, wenn die Upvotes von normalen Usern mit wenig Steem Power kommen. Dagegen verdient ein weniger populärer Artikel, der jedoch von einigen Walen hochgewertet wird, deutlich mehr. Dies wird von vielen Steem-Nutzern als ungerecht und willkürlich empfunden.

Ob das Steem-Team diese Probleme lösen und sich Steem auch als Bezahlwährung durchsetzen kann, ist schwer vorauszusagen. Neben Steem gibt es weitere Plattformen, die populäre Inhalte belohnen, zum Beispiel *Synereo* oder *Yours*. Diese Verbindung aus Aufmerksamkeitsökonomie und Cryptocoins halte ich für sehr vielversprechend. Ein Geschäftsmodell dafür muss jedoch noch gefunden werden.

6.6 Zur Auswahl der Appcoins

Von allen Kapiteln fiel es mir in diesem am schwersten, eine Auswahl zu treffen. Der Bereich der Appcoins ist schnelllebig und unübersichtlich. Während man bei den Bezahlcoins über einigermaßen vergleichbare Kriterien wie Geschwindigkeit, Anonymität oder Größe des Netzwerks verfügt, bewegen sich die Appcoins in völlig unterschiedlichen Märkten. Auch ihre Geschäftsmodelle weichen stark voneinander ab und sind in der Regel noch unerprobt. Wer in Appcoins investieren und beim nächsten ICO ein Schnäppchen machen will, kommt daher nicht umhin, sich intensiv damit zu beschäftigen.

Die Auswahl der hier näher beschriebenen Coins soll diese nicht von ihren Konkurrenten oder anderen Appcoins abheben. Ich habe mich einfach auf diejenigen Coins konzentriert, die schon länger am Markt sind und die sich in Sachen Marktkapitalisierung während meiner Recherche im Mai 2017 auf der Top-20-Liste bewegten. In der schnelllebigen Welt der Cryptocoins wird sich dies vermutlich bald wieder ändern. Doch ging es mir hauptsächlich darum, Beispiele aus verschiedenen Anwendungsbereichen zu beschreiben, damit man einen Eindruck davon erhält, worauf man sich bei Appcoins einlässt.

7. Auf zum Mond!

Geld verdienen mit Cryptocoins

In diesem Kapitel geht es um die verschiedenen Möglichkeiten, Geld in Cryptocoins anzulegen. Der Titel zitiert ein beliebtes Motto der Cryptocoin-Community. »To the Moon« bezieht sich einerseits auf den Preis eines Coins, von dem man sich wünscht, dass er »bis zum Mond« steigen möge. Gleichzeitig wird damit zum Ausdruck gebracht, dass wir uns auf einer abenteuerlichen Reise befinden. Das Ziel, das Geldsystem zu revolutionieren, ist mindestens ebenso ambitioniert wie der im Jahr 1962 verkündete Plan John F. Kennedys, bis zum Ende des Jahrzehnts einen Menschen auf dem Mond landen zu lassen und sicher wieder zurückzubringen.

7.1 Langfristige Anlage

Der Bitcoiner sagt HODL statt »Hold«

Die einfachste Möglichkeit, in Cryptocoins zu investieren, ist, welche zu kaufen und sie zu behalten. Mit dieser äußerst simplen Strategie ist man in der Vergangenheit gut gefahren. Wer im Februar 2011, als der Wert eines Bitcoins einen US-Dollar betrug, für 1000 US-Dollar Bitcoins gekauft hat, nennt heute ein Vermögen von rund 2,5 Millionen Dollar sein eigen. Wer im November 2013 zum Kurs von 1000 US-Dollar in Bitcoin eingestiegen ist, musste zwar über zwei Jahre lang eine Durststrecke mit schweren Kursverlusten ertragen, ist aber für seine Ausdauer immer noch mit einem Gewinn von über 150 % belohnt worden.[68]

Bei einigen anderen Cryptocoins ist diese Strategie bisher ebenfalls aufgegangen. Wer beim Ethereum-ICO im Juli 2015 zum Kurs von rund 0,30 US-Dollar dabei war, kann sich heute über einen Wertzuwachs auf das rund 1.300-Fache freuen. Und selbst wer erst im Januar 2017 in Ethereum investiert hat, konnte seinen Einsatz fast verfünfzigfachen.[69] Auch die Besitzer vieler anderer der in diesem Buch beschriebenen Coins dürften sich über einen ordentlichen Zugewinn gefreut haben.

Die Kunst besteht natürlich darin, in die richtigen Cryptocoins zu investieren. Neben den vielen Erfolgsgeschichten gibt es eine Reihe totaler Flops, wie zum Beispiel den Auroracoin (siehe Abschnitt 5.1). Es ist daher hilfreich, sich mit den Eigenschaften eines bestimmten Coins näher zu beschäftigen, bevor Sie Ihr Geld dort investieren.

Bei aller Euphorie über den Aufwärtstrend der letzten Jahre sollten Sie sich vor Augen halten, dass wir es immer noch mit einem sehr jungen Phänomen zu tun haben. Cryptocoins befinden sich im Experimentierstadium. Das Handelsvolumen vieler Coins ist noch sehr gering, sodass größere Verkäufe zu spektakulären Kurseinbrüchen führen können.

Wer in Cryptocoins investiert, sollte sich also auf eine wilde Achterbahnfahrt gefasst machen. Auch ein Totalverlust ist möglich, etwa wenn ein Coin gehackt wird. Das ist meines Wissens zwar noch nie passiert, aber es ist durchaus möglich.

Bei der Investition in Cryptocoins kann man sich an einem Wagniskapitalgeber orientieren, der in eine Reihe von Start-ups investiert. Er geht davon aus, dass sieben von zehn Verlustgeschäfte sind, zwei OK laufen und einer ein so großer Erfolg wird, dass er die Verluste der anderen ausgleicht. Eine solche Anlagestrategie erfordert allerdings einiges an Zeit, Geschick und Kapital.

7.2 Arbitrage Trading

Eine andere Möglichkeit ist das sogenannte *Arbitrage Trading*. Dabei nutzt man die Preisdifferenzen, die für ein und denselben Coin an verschiedenen Börsen herrschen. Man kauft zum Beispiel Bitcoins an der Börse *Kraken*, wenn ihr Kurs dort im Moment niedrig steht, und verkauft sie an der Börse *Bitstamp*, wenn dort gerade deutlich mehr dafür geboten wird.

Das ist nicht besonders kreativ und die Gewinnspannen sind nicht sehr hoch, doch dafür ist das Risiko recht gering. Wenn nicht gerade eine der Börsen gehackt wird, auf denen man handelt, kann nicht viel passieren. Kurssprünge und -stürze können einem Arbitrage Trader relativ egal sein, er muss nur die Kursunterschiede an den Börsen im Blick behalten und schnell handeln.

Arbitrage-Geschäfte können daher gut von *Trading Bots* übernommen werden. Das sind spezialisierte Computerprogramme, die auf bestimmte Marktbewegungen reagieren und dann automatisch Käufe und Verkäufe tätigen. Sie basieren auf Algorithmen, also vom Computer ausführbaren Handlungsanweisungen. Deshalb wird das Trading mit Bots auch *Algo Trading* genannt. Bots können natürlich nur so gut sein wie die Menschen, die sie programmieren.

Man mag Arbitrage Trading für langweilig halten, doch es hat eine wichtige Funktion: Die Preisunterschiede an den verschiedenen Börsen gleichen sich dadurch aneinander an. Die Spekulation auf die Unterschiede ebnet diese ein und sorgt langfristig für mehr Stabilität.

7.3 Coin Trading

Im Unterschied zum Arbitrage Trading geht es beim Coin Trading um den Handel mit verschiedenen Coins. Wer auf die Auf- und Abwärtsbewegungen der zahlreichen Cryptocoins richtig reagieren möchte, kann damit sehr viel Zeit verbringen. An den gängigen Börsen werden über 100 verschiedene Kryptowährungen gehandelt. Dort den Überblick zu behalten, ist nicht einfach.

Appcoins (siehe Kapitel 6) sind am ehesten mit den Aktien eines Unternehmens zu vergleichen. Wenn man in sie investieren möchte, sollte man das Geschäftsmodell verstehen und die Entwicklung des emittierenden Unternehmens verfolgen.

Bei Bezahlcoins (siehe Kapitel 4) ist es hingegen klar, worum es geht. Hier kommt es vor allem darauf an, von wie vielen Menschen und Unternehmen sie genutzt werden. Eigenschaften wie Anonymität, Geschwindigkeit und Sicherheit gegen Attacken sind wichtig, um zu beurteilen, welche Coins in Zukunft das Rennen machen werden.

Am wenigsten interessant sind für den Coin-Trader die national begrenzten Kryptowährungen (siehe Kapitel 5). Fast alle dieser Experimente sind gescheitert. Ich sehe keinen Grund dafür, warum dies in Zukunft anders sein sollte. Und die lokalen Coins, wie sie von Colu eingesetzt werden, können zwar für die Wirtschaft vor Ort nützlich sein, als Investitionsobjekt eignen sie sich jedoch nicht.

Es gibt einige auf das Coin Trading spezialisierte Bots, die Beobachtungen aus den Chartentwicklungen der Vergangenheit in Algorithmen umsetzen. Diese Bots verstehen natürlich nicht, was hinter den einzelnen Coins steckt. Sie sind so programmiert, dass sie bei bestimmten Marktkonstellationen die einen Coins kaufen und die anderen verkaufen.

Doch wer es wirklich geschafft hat, einen erfolgreichen Bot zu programmieren, wird seinen Erfolg nicht teilen wollen. Denn wenn zu viele nach dem gleichen Muster handeln, verdirbt das die Gewinnchancen. Wenn Sie also das Angebot erhalten, einen

Bot für das Coin Trading zu »mieten«, können Sie davon ausgehen, dass dieser Bot nicht viel taugt. Andernfalls würde ihn sein Schöpfer für sich selbst arbeiten lassen und ihn nicht anderen anbieten, da ihm dies selbst schaden würde.

7.4 Margin Trading und Kreditvergabe

Einige der Cryptobörsen bieten die Möglichkeit, nicht nur eigenes Geld, sondern auch geliehenes Geld für den Handel einzusetzen, man spricht dann von *Margin Trading*. Durch den Einsatz geliehenen Geldes als Hebel (»*Leverage*«) lassen sich die Gewinne, bezogen auf das eingesetzte Eigenkapital, vervielfachen. Allerdings schlagen auch Verluste umso höher zu Buche, denn man verliert nicht nur sein eigenes Geld, sondern muss auch dem Kreditgeber sein Geld mitsamt den Zinsen zurückzahlen. Erfahrene Margin Trader machen allerdings so hohe Gewinne mit erfolgreichen Trades, dass sie Verluste gut verkraften können.

Wer kein so hohes Risiko eingehen, sondern einfach einen garantierten Zinssatz auf seine Cryptocoins erhalten will, kann Margin Tradern zu vereinbarten Zinsen Geld leihen. Dies ist eine relativ verlässliche Weise, das eigene Geld zu vermehren. Das einzige Risiko, das hier besteht, ist ein Diebstahl der an der Börse hinterlegten Cryptocoins.

Eine weitere Möglichkeit, über das Verleihen von Cryptocoins Geld zu verdienen, bieten sogenannte Peer-to-Peer-Lending-Plattformen. Die bekannteste Plattform in Europa ist BitBond aus Berlin. BitBond vermittelt Privatkredite zwischen Anlegern und Kreditnehmern, die oft aus Entwicklungsländern kommen. Sie haben dort kaum Zugang zu Krediten, und wenn, dann nur zu sehr hohen Zinsen. Die im Vergleich zu Banken recht hohen Kreditzinsen von durchschnittlich 13 %, die Bit-Bond bietet, sind daher für die Kreditnehmer immer noch günstig. Für Kreditgeber sind sie hingegen sehr lukrativ im Vergleich zu den Minimalzinsen, die man bei Banken erhält.

7.5 Mining-Verträge

Bitcoin und andere populäre Cryptocoins selbst zu schürfen, setzt mittlerweile einiges an Kapital voraus. Dazu nötig ist eine spezialisierte Hardware, ein gut gekühltes Rechenzentrum und möglichst kostengünstiger Strom. Den bekommt ein Großabnehmer natürlich eher als jemand, der nur mit einem Rechner minen möchte. Die Skalierungseffekte begünstigen also große Miningfarmen. Selbst zu minen, ohne über größere Mengen an Kapital zu verfügen, geht heute nur noch bei relativ unbekannten Coins, bei denen *Hashrate* und *Difficulty* niedrig sind.

Es ist beim Mining nicht nur damit getan, einmal in Hardware zu investieren, vielmehr muss sie ständig erneuert werden. Das liegt an der wachsenden *Difficulty*, dem Schwierigkeitsgrad für das Mining. Ein Mining-Rechner, der im vergangenen Jahr noch das schnellste Modell war und viele Coins geschürft hat, eignet sich heute nur noch als Türstopper. Man kann einen solchen Rechner zudem für nichts anderes verwenden als für das Mining. Ihn weiter zu betreiben, würde mehr kosten, als er an neu geschürften Coins einbrächte. Miner sind also ständig dabei, neue Hardware zu kaufen und alte Rechner zu verschrotten.

7. Auf zum Mond!

Mining-Anlage von Genesis Mining

Weil das ziemlich aufwändig ist, gibt es heute zahlreiche Unternehmen, die sogenannte *Mining Contracts* anbieten. Mit einem solchen Schürf-Vertrag kann sich jeder, der Interesse daran hat, an einer Mining-Farm beteiligen und muss sich nicht um die Anschaffung und den Betrieb der Rechner kümmern. Die betreffende Person zahlt einen Betrag vorab, der sich nach der jeweiligen Hashrate richtet, und bekommt dann in der Regel tägliche Ausschüttungen in Bitcoins oder anderen Cryptocoins ausgezahlt. Die laufenden Kosten für Wartung und Strom werden dabei von den täglichen Einnahmen abgezogen. Mining Contracts haben entweder eine festgelegte Laufzeit oder es handelt sich um sogenannte *Lifetime Contracts*. Damit ist allerdings nicht die Lebenszeit des Käufers genannt, sondern die der eingesetzten Mining-Hardware. Wenn die Rechner weniger an neuen Coins schürfen, als ihr Betrieb kostet, endet der Vertrag.

Vielleicht fragen Sie sich, warum ein Unternehmen so etwas überhaupt anbietet und die Rechner nicht einfach für sich selbst

7.5 Mining-Verträge

nach Coins schürfen lässt? Angesichts der wirtschaftlichen Skaleneffekte kann ein solches Modell durchaus sinnvoll sein. Angenommen, ich habe 100.000 Euro an Kapital zur Verfügung, um sie in Mining-Rechner und den Betrieb eines Rechenzentrums zu stecken. Wenn ich außerdem weitere 400.000 Euro von Anlegern bekomme, zahle ich deutlich niedrigere Preise für die Anschaffung der Rechner, die Miete des Rechenzentrums und den Strom. Daher erzeugen auch meine eingesetzten 100.000 Euro eine höhere Rendite, als wenn ich nur für mich selbst minen würde.

Ob sich die Investition in einen *Mining Contract* lohnt, hängt von verschiedenen Faktoren ab. Wichtig sind natürlich der Preis des Vertrags selbst und die Höhe der abgezogenen Wartungs- und Stromkosten. Man sollte sich den Preis pro Mega-, Giga- oder TeraHash (je nach Coin) und die monatlichen Betriebskosten genau anschauen. Auch der aktuelle Preis des jeweiligen Coins ist zu beachten. Doch am entscheidensten ist die große Unbekannte, die *Difficulty*, also der Schwierigkeitsgrad des Minings. Man kann davon ausgehen, dass die Difficulty immer weiter steigt und daher die Menge neu geschürfter Coins ständig zurückgeht, bis sie irgendwann null erreicht.

Wer Geld in einen Mining-Vertrag investiert, statt es unmittelbar in Coins zu stecken, möchte natürlich über die Laufzeit des Vertrags deutlich mehr Coins dafür erhalten als bei einem Direktkauf, sonst würde diese Investition ja keinen Sinn ergeben. Doch keiner kann genau sagen, ob sich diese Hoffnung erfüllt. In den ersten Monaten mag der Mining-Vertrag wie eine großartige Investition aussehen, bei der sich das eingesetzte Kapital vervielfacht. Man empfiehlt das Mining-Unternehmen begeistert all seinen Freunden weiter und erhält vielleicht sogar eine Provision dafür. Doch dann gehen die Einnahmen rapide bergab und am Ende der Laufzeit zeigt sich eventuell, dass es besser gewesen wäre, das Geld direkt in Coins zu investieren. Wir Menschen sind leider nicht sehr gut darin, Entwicklungen vorauszusehen, die nicht linear verlaufen.

Hinzu kommt, dass es in der Welt des Minings viele schwarze Schafe gibt. Sie sammeln das Geld der Anleger ein, kaufen aber anders als versprochen keine Mining-Hardware dafür. Einen Teil des eingenommenen Geldes setzen sie für scheinbare »Mining-Ausschüttungen« ein, damit die ersten Kunden zufrieden sind und ihren Service weiterempfehlen. Mit dem Rest brennen sie irgendwann durch. Das ist nichts anderes als ein Schneeballsystem. Solche Betrügereien sind in der Vergangenheit leider des Öfteren passiert.

Bevor Sie einen Mining-Vertrag abschließen, sollten Sie sich den Anbieter also sehr genau ansehen. Wenn Sie den Verdacht haben, dass das Unternehmen gar keine Mining-Farm betreibt, oder wenn die Geschäftsführer in der Vergangenheit schon für ähnliche krumme Geschäfte bekannt geworden sind, sollten Sie die Finger davon lassen.

Doch selbst wenn alles mit rechten Dingen zugeht, bleibt beim Mining stets das Risiko der steigenden *Difficulty* und der ungewissen Einnahmen. Wer auf Nummer sicher gehen will, ist wohl besser damit beraten, sein Geld direkt in Cryptocoins zu investieren.

7.6 Cryptofonds

Im März 2017 lehnte die US-amerikanische Börsenaufsicht SEC einen Antrag der Winkelvoss-Zwillinge auf einen *Exchange Traded*

7.6 Cryptofonds

Fund (kurz: ETF), also einen börsengehandelten Investmentfonds ab. Ein ETF ist ein Vehikel der klassischen Finanzwelt, das es auch Menschen erlauben würde, in Bitcoins zu investieren, die keine Ahnung von Wallets, privaten Schlüsseln und ähnlich geheimnisvollen Dingen haben. Daher war diese Entscheidung der SEC mit Spannung erwartet worden. Manche Mainstream-Medien taten so, als würde davon die Zukunft des Bitcoins abhängen.

Tatsächlich zuckte der Bitcoin-Kurs nach der negativen Entscheidung nur kurz nach unten, um sich danach in neue Höhen emporzuschwingen. Bitcoin-Käufern war die Entscheidung der SEC also herzlich egal. Manch alteingesessener Bitcoiner begrüßte sie sogar. Warum sollte der Bitcoin, der angetreten ist, die Finanzwelt zu revolutionieren, sich ihren Regeln unterwerfen und bei der Börsenaufsicht um Anerkennung betteln? Ist es nicht eine der wichtigsten Eigenschaften Bitcoins, sich als Nutzer damit vor dem Zugriff des Staates schützen zu können? Warum sollte man Bitcoins und andere Kryptowährungen in regulierte Finanzinstrumente der »Alten Welt« pressen?

Tatsächlich gibt es Leute, die genau das brauchen. Institutionelle Anleger, Vermögensverwalter und sonstige Großinvestoren, die keine Lust haben, sich mit Hardware Wallets und Seed Keys zu beschäftigen. Und schon gar nicht mit der Frage, wie man diese neue Investmentform buchhalterisch abbildet und dem Finanzamt gegenüber darstellt.

7.6.1 Exante-Fonds

Der erste Bitcoin-Investment-Fonds seiner Art wurde bereits 2012 von der Firma *Exante* auf Malta registriert und auf der Bitcoin-Konferenz 2013 in San José (Kalifornien) vorgestellt. In diesen Fonds investieren hauptsächlich institutionelle Anleger.

»Investoren nutzen unseren Fonds, weil wir ihnen viele ihrer Sorgen nehmen«, sagt Exantes CEO Anatoliy Knyazev. »Er ist ein reguliertes Finanzinstrument, sodass das Risiko, mit unregulierten Assets zu handeln, per Definition ausgeschlossen ist.«[70]

2013 schloss der Fonds mit einem Gewinn von 4847 % ab. Der spektakuläre Hack der Börse Mt. Gox Anfang 2014 mit dem darauffolgenden Absturz des Bitcoin-Kurses stellte natürlich auch die Exante-Fondsmanager vor Probleme. Doch mittlerweile hat sich der Bitcoin-Kurs erholt, sodass der Fonds wieder wachsenden Zulauf verzeichnet.

»Insbesondere die Entwicklung in Japan, wo große Online-Shops wie Uniqlo und BIC Bitcoins akzeptieren und die gesetzlichen Einstiegsbarrieren niedrig sind, hat ein verstärktes Interesse an Kryptowährungen ausgelöst«, sagt Anatoliy Knyazev. »Das spiegelt sich auch in unserem Fonds wieder.«[71]

Derzeit investiert der Exante-Fonds nur in Bitcoin, plant für die Zukunft jedoch auch Investitionen in andere Cryptocoins.

7.6.2 The Cryptocurrency Fund

Der Cryptocurrency Fund ist im Schweizer Kanton Zug registriert, im sogenannten »Crypto Valley«. In diesem besonders kryptofreundlichen Kanton haben sich diverse Cryptocoin-Firmen angesiedelt, darunter die Ethereum Foundation und ShapeShift. Beim Cryptocurrency Fund handelt es sich um einen regulierten Fonds, der in fünf bis zehn der wichtigsten Cryptocoins investiert und sich vorwiegend an professionelle und semi-professionelle Investoren wendet. Im Unterschied zu einem ETF wird dieser Fonds nicht an einer Börse gehandelt.

»Unser Fonds ist nach dem Schweizerischen *Kollektiven Anlagegesetz* strukturiert«, erklärt sein Gründer und CEO Jan Brzezek.

»Das heißt, es gibt je eine unabhängige und regulierte Fondsleitung und Depotbank, wodurch eine gegenseitige Kontrolle sichergestellt ist. Außerdem muss sich bei uns niemand auf dem Handelsregister eintragen, da es sich um einen vertraglichen Fonds handelt. Jeder qualifizierte Anleger kann also einfach zu seiner Bank gehen und diese anweisen, in den Fonds zu investieren.«[72]

7.6.4 Weitere regulierte Fonds

Der aus Kapitel 1 bekannte Barry Silbert, der an diversen Bitcoin- und Blockchain-Firmen beteiligt ist, betreibt mit seiner Firma *Grayscale Investments* einen Bitcoin-Fonds, der zurzeit auf dem Marktplatz OTCQX gehandelt wird. Außerdem hat Grayscale einen Fonds für Ethereum Classic als privates Anlageinstrument aufgelegt.

Ein weiterer regulierter Fonds ist XBT, der an der NASDAQ OMX Nordic gehandelt wird, aber nur für registrierte Broker zugänglich ist. Auch ARK Invest hat in einem gemischten Fonds unter anderem in Bitcoins investiert. Viele andere Fonds für Bitcoins und andere Cryptocoins sind angekündigt.

Regulierte Fonds sind eher für institutionelle Investoren interessant. Für normale Anleger sind ihre Zugangshürden in der Regel zu hoch. Zudem sollten Sie bedenken, dass jeder Fonds Management-Gebühren erhebt, die pro Jahr meist bei 2 bis 3 % der angelegten Summe liegen.

7.6.5 Blockchain Capital

Eine andere Strategie verfolgt die Venture-Capital-Firma *Blockchain Capital*. Sie hat bereits in mehrere Bitcoin- und Blockchain-Unternehmen investiert, darunter in *Kraken*, *Coinbase*,

Abra, *Blockstream* und *Bitpesa*. Ihr neuester Fonds für weitere Investments wurde per *Initial Coin Offering* angeboten, und das mit großem Erfolg. Innerhalb von nur sechs Stunden verkaufte Blockchain Capital *Tokens* im Wert von rund zehn Millionen US-Dollar.[73] Diese auf Ethereum Smart Contracts basierenden »digitalen Jetons« funktionieren wie Anteile am neu aufgelegten *Digital Liquid Venture Fund*. Man kann sie an diversen Kryptobörsen kaufen.

»Wir Venture-Capitalisten sind immer auf der Suche nach neuen, disruptiven Geschäftsmodellen«, erklärt Blockchain-Capital-Gründer Brock Pierce diesen Schritt. »Aber unser eigenes Geschäftsmodell hat sich in den letzten Jahren kaum geändert. Wir wollten mit unserem ICO etwas Neues ausprobieren und die Entwicklung vorantreiben.«[74]

7.6.6 Iconomi

Iconomi aus Slowenien betreibt zwei eigene Fonds sowie eine Plattform, mit der man seine eigenen Kryptofonds aufsetzen und verwalten kann. Die Finanzierung dieser Plattform erfolgte über den Verkauf eines eigenen *Tokens* im Oktober 2016.

Iconomis Fonds ICNP ist ein aktiv gemanagter Fonds, für den Experten vorwiegend neue, unbekannte Coins mit hohem Wachstumspotenzial auswählen. Hier finden sich zum Beispiel exotische Coins wie Byteball, Matchpool, Cosmos oder Aeternity.

Der passive Fonds ICNX enthält hingegen die gängigsten Cryptocoins, die nach bestimmten Kriterien automatisch für den Fonds ausgewählt werden. Er ähnelt also einem Index-Fonds, der etwa nur Aktien des DAX oder des Nasdaq Composite enthält. Im ICNX sind zurzeit Werte wie Bitcoin, Ether, Dash, Monero, Golem, Augur und Safecoin enthalten.

Außerdem kann man bei Iconomi selbst zum Fonds-Manager werden. »Jeder kann auf unserer Plattform seine eigenen Fonds betreiben«, sagt Iconomi-Gründer Tim Mitja Žagar. »Entweder er wählt die Coins dafür aktiv aus, oder er bestimmt die Kritieren, an denen sich ein passiver Indexfonds orientiert. Die Einnahmen teilen wir uns.«[75]

7.6.7 The DAO

Der bisher wohl spektakulärste Fall eines Kryptofonds war *The DAO*. Binnen weniger Wochen wurde dieser Fonds von einem der größten Erfolge zu einem der größten Desaster der Kryptowelt. DAO ist eigentlich ein Begriff für eine bestimmte Organisationsform, nämlich für eine *Decentralised Autonomous Organisation*, also eine dezentralisierte, eigenständige Organisation. Im Unterschied zu anderen Organisationsformen wie etwa *GmbH*, *Limited* oder *Société anonyme* ist ein DAO nicht den Gesetzen eines Staates unterworfen, sondern regelt alle Verhältnisse der Gesellschafter, Mitarbeiter und Kunden in Form von *Smart Contracts*. In einem DAO gibt es keine Unternehmensleitung und keine Hierarchien.

Davon zu unterscheiden ist das von den Brüdern Christoph und Simon Jentzsch aus dem sächsischen Mittweida gestartete Projekt *The DAO*. Das war ein Investmentfonds, der nach dem Prinzip einer *Decentralised Autonomous Organisation* aufgebaut war. Auch er hatte keine Geschäftsleitung und keine Mitarbeiter, sondern basierte allein auf *Smart Contracts*, die über das Ethereum-Netzwerk liefen. Das Ziel dieses Fonds bestand darin, Gelder einzusammeln, um diese in diverse Projekte zu investieren. Über die Auswahl der Projekte sollten die Eigentümer basisdemokratisch entscheiden.

Am 30. April 2016 startete The DAO einen *Crowdsale*, also einen »Verkauf an die Masse«. Jeder, der wollte, konnte Geld in Form von Ether (der internen Währung von Ethereum) in den Fonds einzahlen und erhielt dafür Fondsanteile mit Stimmrechten. Bis zum 21. Mai hatte The DAO Ether im Wert von damals 150 Millionen US-Dollar eingenommen. Damit war er das bis dahin erfolgreichste Crowdsale-Projekt aller Zeiten.[76]

Dieser große Erfolg kam für die Jentzsch-Brüder überraschend. Sie wollten eigentlich nur ein kleines Experiment starten und hatten daher an den Programmcode nicht die höchsten Sicherheitsstandards gelegt. Er enthielt einige schwerwiegende Fehler, sodass im Juni 2016 ein unbekannter Hacker rund ein Drittel der Investmentsumme abgreifen konnte. Damit brach der DAO kurze Zeit nach seinem ersten Weltrekord einen weiteren: Es war der größte Online-Diebstahl aller Zeiten.

Das Absurde daran: Der Hacker hielt sich an die von den Smart Contracts vorgegebenen Regeln. Sie waren leider etwas ungeschickt formuliert, sodass sich eine Lücke ergab, die er ausnutzen konnte. Das Ethereum-Entwickler-Team befand sich in einem Dilemma. Einerseits wollte es das Unrecht wiedergutmachen und das Geld den rechtmäßigen Eigentümern zurückgeben. Das war technisch möglich, indem man die Ethereum-Blockchain auf den Moment des Hacks zurücksetzte und einen *Hard Fork* durchführte, der alle Transaktionen nach diesem Zeitpunkt ungültig machte.

Andererseits verletzte diese von einer zentralen Stelle durchgeführte Aktion das Prinzip der *Smart Contracts* und der Dezentralität. Der Hacker hatte sich an die im Vertrag vorgegebenen Regeln gehalten. Sich darüber hinwegzusetzen und die Geschichte im Nachhinein umzuschreiben, würde nach Ansicht vieler Kritiker das ganze System in Frage stellen.

7.6 Cryptofonds

Die Mehrheit der Ethereum-Community stimmte dennoch am 20. Juli 2016 für einen *Hard Fork*, der den Zustand vor dem Hack wiederherstellte. Eine Minderheit spaltete sich daraufhin ab und betreibt jetzt mit *Ethereum Classic* eine zweite Blockchain ohne den nachträglichen Eingriff.

Man könnte vermuten, dass solche Eskapaden auf die oben beschriebenen, eher konservativen Investoren abschreckend gewirkt haben. Dennoch geht der Boom der Cryptowährungen und Cryptofonds – zumindest während der Recherche zu diesem Buch – unvermindert weiter.

8. Vorsicht, Ponzicoin!

Woran Sie Betrugsmodelle erkennen

Wo viel Geld verdient werden kann, sind natürlich auch Kriminelle schnell zur Stelle. Immer wieder kommen angebliche Cryptocoins auf den Markt, deren Macher behaupten, den »neuen Bitcoin« geschaffen zu haben. Dabei wollen sie nur den Leuten das Geld aus der Tasche ziehen.

Ein besonders offensichtlicher Fall war der *Onecoin*, der weltweit über ein Multi-Level-Marketing-Modell (siehe Abschnitt 8.5) angebliche Cryptocoins vermarktete. In Deutschland hat ihn die Finanzaufsicht BaFin im April 2017 für illegal erklärt. Rund 29 Millionen Euro auf Konten der diversen Onecoin-Unternehmen wurden eingefroren. In Italien, China und Indien wurden einige Onecoin-Funktionäre bereits verhaftet.[77]

Doch Onecoin ist nicht das einzige betrügerische Projekt, das die Gier und Leichtgläubigkeit mancher Menschen auszunutzen versucht. Es gibt zahlreiche solcher »Ponzicoins« (nach dem englischen Begriff *Ponzi Scheme*, der betrügerische Pyramidensysteme bezeichnet). Sie werben mit unglaublichen Renditen und versprechen das Blaue vom Himmel.

Normalerweise sollten schon solche übertriebenen Versprechen hellhörig machen. Allerdings sind die Renditen, die man bisher mit Cryptocoins erzielen konnte, tatsächlich so atemberaubend hoch, dass ein Neueinsteiger nicht genau wissen kann, was er glauben soll und was nicht.

Doch wenn Sie genau hinsehen, lassen sich Betrugsversuche gut erkennen. Im Folgenden beschreiben wir einige der typischen Modelle, mit denen Betrüger versuchen, Sie übers Ohr zu hauen.

8.1 Falsche Cryptocoins

Einige der Betrugscoins werden als »neuer Bitcoin« vermarktet, doch sie erfüllen nicht einmal die einfachsten Kriterien, die einen echten Cryptocoin ausmachen.

Kein Open-Source-Code
Ein echter Cryptocoin beruht auf Open-Source-Code. Man kann diesen auf einer Plattform wie GitHub einsehen. Wenn die Entwickler eines Coins sich weigern, den Programmcode öffentlich zu machen, ist davon ausgehen, dass es sich um einen Betrugsversuch handelt.

Zentrale Struktur

Echte Cryptocoins gehören niemandem. Sie sind offene Software-Protokolle, die jeder nutzen kann. Wenn ein Unternehmen die volle Kontrolle über einen Coin hat, ist etwas faul. Echte Cryptocoins haben vielleicht eine Stiftung, die sich um die Weiterentwicklung der Software kümmert, doch sie werden nicht in der Hand eines kommerziellen Unternehmens sein.

Keine Blockchain

Zu jedem Cryptocoin gehört eine Blockchain, die transparent und öffentlich zugänglich ist. Wenn sich die Blockchain nicht frei herunterladen und in eine Wallet importieren lässt, handelt es sich nicht um einen Cryptocoin.

8.2 Technisch echte Cryptocoins ohne Wert

Es gehört nicht viel dazu, den Bitcoin- oder Litecoin-Code zu kopieren, ein paar Kleinigkeiten daran zu ändern und das Ganze als »neuen Bitcoin« zu verkaufen. Technisch gesehen mag es sich dann um einen Cryptocoin handeln, doch einen Wert hat er deshalb noch lange nicht. Bitcoin ist wertvoll durch sein großes Ökosystem aus Miners, Börsen, Traders und den vielen Geschäften in aller Welt, die ihn mittlerweile akzeptieren. Dies aufzubauen, braucht viel Zeit.

Wenn ein neuer Coin etwas Vergleichbares erreichen will, muss er mit deutlichen Vorteilen gegenüber Bitcoin aufwarten, zum Beispiel, dass Überweisungen schneller und billiger oder komplett anonym durchgeführt werden können. Eine weitere Bitcoin-Kopie ohne zusätzliche Vorteile braucht kein Mensch.

8.3 Betrügerische Tokens

Noch leichter, als einen eigenen Coin mit eigener Blockchain zu programmieren, ist es, auf Basis einer bestehenden Lösung wie *Ethereum*, *Omni* oder *BitShares* einen *Token* aufzusetzen. Die meisten der erfolgreichen *Initial Coin Offerings* der letzten Zeit sind keine echten Cryptocoins mit eigener Blockchain, sondern solche *Tokens*, die quasi Huckepack auf einem bestehenden Netzwerk reiten.

Tokens werden in der Regel benötigt, um eine bestimmte Anwendungssoftware zu nutzen (siehe Kapitel 6). Der Wert liegt also nicht wie bei einem Bezahlcoin in ihrer Akzeptanz bei Händlern und Konsumenten, sondern im zukünftigen Markterfolg der jeweiligen Anwendung.

Hier sollten Sie sich also das Führungsteam und das Geschäftsmodell des Unternehmens genau ansehen. Es ist nicht einfach, zu unterscheiden zwischen betrügerischen Modellen und solchen, die zwar gut gemeint sind, deren Geschäftsansatz aber nicht funktioniert. Von beiden sollten Sie Abstand nehmen.

8.4 Pump-and-Dump

Eine andere Betrugsmöglichkeit ist ein sogenanntes *Pump-and-Dump*-Schema, ein Begriff, der aus dem Aktienhandel stammt. Der Mechanismus funktioniert bei Cryptocoins ähnlich wie bei Aktien. Die Organisatoren eines solchen Pump-and-Dumps geben dabei keinen eigenen Coin heraus, sondern suchen sich einen eher unbedeutenden Cryptocoin mit geringem Handelsvolumen aus. Er wird zunächst künstlich »aufgebläht«. Die Betrüger kaufen dafür so viele Coins, dass der Preis stark steigt. Dann rühren sie die Werbetrommel für den »neuen Star am Krypto-Himmel«, indem sie zum Beispiel angebliche Insider-Informationen verbreiten. Ihr Ziel besteht darin, möglichst viele Investoren davon zu überzeugen, ebenfalls in diesen Coin zu investieren.

Wenn dies gelingt und der Preis dadurch weiter steigt, stoßen die Betrüger ihre noch vergleichsweise günstig erworbenen Coins zu dem jetzt sehr viel höheren Preis ab, was in der Regel dazu führt, dass der Kurs abstürzt und die Nachzügler mit Verlusten dastehen.

Sich vor einem solchen Betrugsmodell zu schützen, ist nicht ganz einfach. Wir haben es hier mit real existierenden Coins zu tun, deren Preis sich durch das geringe Handelsvolumen leicht manipulieren lässt. Sie sollten sich daher fragen: Steigt der Preis, weil die jeweiligen Cryptocoins einen tatsächlichen Mehrwert gegenüber anderen Coins schaffen? Oder ist der plötzliche Preisanstieg lediglich auf ein Pump-and-Dump-Schema zurückzuführen?

Das kann nur beurteilen, wer sich intensiv mit den Eigenschaften des Coins beschäftigt. Hat der besagte Cryptocoin Qualitäten, die ihn von anderen Coins deutlich abheben? Wird er in der realen Welt akzeptiert? Gibt es eine aktive Community von Entwicklern und Nutzern? Wenn sich alle diese Fragen mit Nein beantworten lassen, haben Sie es wahrscheinlich mit einem Pump-and-Dump zu tun.

Wer für solche intensiven Recherchen keine Zeit hat, kann sich natürlich auf etablierte Coins mit hoher Marktkapitalisierung wie Bitcoin oder Ether beschränken, bei denen Pumps-and-Dumps nur mit sehr hohem Kapitalaufwand möglich wären. Dabei würden Sie jedoch die Chance versäumen, in ihrer Frühphase in wirklich vielversprechende Coins zu investieren.

8.5 Multi-Level-Marketing

Wenn Sie von Freunden, Bekannten und Nachbarn angesprochen werden, ob Sie nicht in diesen »tollen neuen Bitcoin-Nachfolger« investieren möchten, sollten Sie hellhörig werden. Wahrscheinlich bekommt Ihr Bekannter eine Provision für jeden, den er anwirbt. Und wenn er Sie dazu auffordert, selbst für das neue Produkt zu werben, bekommt er auch dafür Provision.

Hier hat man es mit einem *Strukturvertrieb* oder *Multi-Level-Marketing* zu tun. Diese Begriffe beschreiben ein mehrschichtiges Vertriebssystem, bei dem die Verkäufer nicht nur für die eigenen Abschlüsse Provisionen erhalten, sondern auch an den Provisionen der Leute beteiligt sind, die sie ins System geholt haben. Sogar an den Einnahmen der Verkäufer auf den weiteren Ebenen darunter sind sie beteiligt.

Im schlechtesten Fall handelt es sich um ein Pyramiden- oder Schneeballsystem, auf Englisch *Ponzi Scheme* genannt. So wird ein Betrugssystem genannt, bei dem die Einnahmen vorwiegend aus den Einzahlungen der Teilnehmer bestehen. Ausschüttungen an frühe Teilnehmer werden aus den Einzahlungen der Nachzügler bezahlt, sodass das System für eine gewisse Zeit attraktiv aussieht. Doch muss es rein mathematisch irgendwann in sich zusammenbrechen, weil es nicht mehr genügend Einzahler geben kann, um die exponentiell wachsenden Ansprüche der anderen zu bedienen. Dann haben die Gründer und einige Investoren Geld verdient, die sehr früh auf den fahrenden Zug aufgesprungen sind; alle anderen dagegen werden um ihre Einlagen geprellt.

Nicht bei jedem Multi-Level-Marketing-System handelt es sich um Betrug. Es hängt davon ab, ob das vertriebene Produkt in Ordnung ist. Viele durchaus nützliche Produkte werden über solche Systeme vermarktet. Sie mögen es vielleicht etwas peinlich finden, wenn Ihnen Freunde und Bekannte plötzlich Kosmetikartikel, Wasserfilter oder Nahrungsergänzungsmittel verkaufen wollen, aber grundsätzlich ist ein solcher Strukturvertrieb ein legitimes Vertriebsmodell. Die verschiedenen Ströme der Provisionszahlungen, Lizenzgebühren und Ausschüttungen machen diese Vertriebsform jedoch schwer durchschaubar. Betrugsabsichten lassen sich darin leichter verbergen als in einem weniger komplexen System.

Alle mir bekannten Betrugscoins arbeiten mit einem Multi-Level-Marketing-Schema. Sehen Sie sich das vermarktete Produkt also sehr genau an. Oft werden »Starterpakete« mit Coins angeboten, die es sonst nirgendwo zu kaufen gibt. Oder es geht um Anteile an einer Miningfarm mit angeblich wahnsinnig hohen Renditen. Vor solchen Modellen sollten Sie sich hüten – und auch Ihren Freund oder Nachbarn warnen, nicht darauf hereinzufallen.

9. Die Crypto-Revolution

Über die Dezentralisierung der Welt

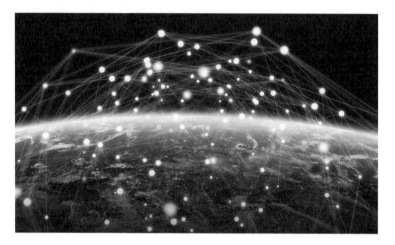

Als ich im Januar 2015 das Schlusskapitel meines Buches *Bitcoin – Geld ohne Staat* schrieb, befand sich der Bitcoin-Kurs auf dem Tiefpunkt einer mehr als zweijährigen Talfahrt. Aus den Massenmedien war das Thema Bitcoin fast verschwunden. Viele hielten den Bitcoin für ein gescheitertes Experiment. Doch ich war damals fest davon überzeugt, dass digitales, dezentralisiertes, nicht-staatliches Geld wichtig ist und sich langfristig durchsetzen wird. Und ich bin es immer noch.

Während der Arbeit an diesem Buch sind die Kurse von Bitcoin und vielen anderen Cryptocoins steil angestiegen. Krypto-Start-ups haben mit ihren *Initial Coin Offerings* in kürzester Zeit Millionenbeträge eingesammelt. Auch die Mainstream-Medien berichten ständig über den neuen Boom der Cryptocoins.

9. Die Crypto-Revolution

Moe Levin, seit 2013 Organisator vieler Bitcoin-Konferenzen, formuliert die Stimmung in einem Facebook-Post so:

2013–2016: »Es ist von nichts gedeckt. Es wird nicht funktionieren. Die Leute werden es nicht nutzen. Es ist nur gut zum Kauf von Drogen. Es ist nicht legal. Es ist anonym.«

Moe Levin

2017: »Wo kann ich es kaufen? Wie funktioniert eine Wallet? Wo kann ich es ausgeben? Wie nutze ich Cold Storage? Was ist Ledger? Kann ich ein kostenloses Ticket für deine Konferenz haben?«[78]

Wie jede Kursrallye wird auch diese ein Ende haben. Vielleicht ist sie schon vorüber, wenn Sie dieses Buch lesen. Möglicherweise wird wieder irgendwo eine Börse gehackt oder die chinesische Zentralbank gibt eine neue Richtlinie heraus. Mancher bekommt dann Panik, verkauft seine Coins und die Kurse bewegen sich für einige Zeit abwärts. Der Bitcoin-Kurs könnte zum Beispiel von 5000 auf nur noch 4000 US-Dollar fallen. Es ist schon absehbar, was die Massenmedien dann schreiben werden: »Bitcoin stürzt um 20 % ab!!! Dramatische Kurseinbrüche an allen Börsen!!! Das Ende der digitalen Währung???«

Wer sich einige Zeit mit Cryptocoins beschäftigt, ist das gewohnt. Nach dem nächsten Absturz werden die Kurse auch wieder steigen. Das Angebot an Cryptocoins ist knapp, die Nachfrage danach steigt. Sie müssen nicht Volkswirtschaft studiert haben, um zu verstehen, dass dann auch die Preise der Cryptocoins wieder steigen werden. Wir haben es hier schließlich nicht mit einer kurzlebigen »Blase« zu tun, sondern mit einer Revolution, die nicht nur das Finanzwesen, sondern viele Wirtschaftsbereiche nachhaltig verändern wird.

9.1 Die Blockchain macht's möglich

Die meisten Revolutionen werden durch technische Innovationen ausgelöst. Die Aufklärung wäre ohne den Buchdruck nicht möglich gewesen. Die industrielle Revolution begann mit der Erfindung der Dampfmaschine. Die Globalisierung kam erst richtig in Schwung, als durch den standardisierten Container der internationale Handel vereinfacht und beschleunigt wurde. In jüngster Zeit haben Computer, Smartphones und das Internet unser Leben mehr verändert, als sich das die meisten Menschen noch vor wenigen Jahren vorstellen konnten.

Die Revolution, in der wir uns derzeit befinden, wurde durch die Erfindung der Blockchain ausgelöst. Eine öffentlich einsehbare, dezentrale Datenbank mag erst einmal nicht so spektakulär klingen. Aber auch der Frachtcontainer wirkt auf den ersten Blick nicht wie eine bahnbrechende Innovation. Doch die Blockchain-Technologie macht viele Dinge möglich, die vorher undenkbar waren. Viele Menschen, die sich nicht kennen und einander nicht vertrauen, können über die Blockchain zu einem Konsens kommen.

Erst durch die Blockchain werden Zahlungen direkt von Mensch zu Mensch möglich, ohne dass man Mittelsmännern wie Banken oder Kreditkartenunternehmen vertrauen müsste. Menschen, die in verschiedenen Teilen der Welt wohnen, können jetzt viel einfacher und kostengünstiger miteinander handeln und füreinander arbeiten. Zugangsschranken und hohe Gebühren entfallen. Milliarden von Menschen in Entwicklungsländern, die bisher weder über ein Bankkonto noch über eine Kreditkarte verfügen, können jetzt an der globalen Wirtschaft teilhaben. Nicht nur mit Bargeld, auch mit Firmenanteilen, Anleihen und sonstigen *Assets* lässt sich per Blockchain-Technologie Handel betreiben. Dies wird die Art und Weise, wie wir miteinander Geschäfte machen, radikal verändern.

9.2 Das Ende des staatlichen Geldmonopols

Das alte System des staatlichen Geldmonopols geht seinem Ende entgegen. Es hat viel Schaden angerichtet, die Ersparnisse vieler Menschen vernichtet und viel Geld von den Fleißigen hin zu den Mächtigen umverteilt (mehr dazu in meinem Buch *Bitcoin – Geld ohne Staat*). Die Macht der Banken wird im Zeitalter des nicht-staatlichen Geldes abnehmen. Banken werden nicht komplett überflüssig, aber sie müssen ihre Rolle neu erfinden. Das vom Staat verliehene Privileg, Geld aus dem Nichts zu schöpfen, es zu verleihen und dafür Zinsen zu kassieren, wird ihnen jedenfalls nichts mehr nützen. Denn man braucht ihr per Knopfdruck erzeugtes Monopoly-Geld nicht mehr. Es wird im freien Wettbewerb der Währungen untergehen.

Auch die Staaten werden an Macht verlieren. Sie werden sich nicht mehr durch das Anwerfen der Banknotenpresse und durch hemmungslose Verschuldung finanzieren können. Auch ihre Fähigkeit, die Menschen mit Gewalt ihres Eigentums zu berauben, wird stark eingeschränkt, weil sich digitale Zahlungsströme verschlüsseln und anonymisieren und somit dem Zugriff der Staatsgewalt entziehen lassen. Das bisherige Druckmittel des Staates, Bankkonten einzufrieren und das Eigentum ihrer Inhaber zu beschlagnahmen, zieht nicht mehr, denn Kryptowährungen lassen sich nicht einfrieren und beschlagnahmen.

Politiker werden dann nicht mehr das Geld anderer Leute für fragwürdige Projekte verschwenden können. Das bedeutet nicht, dass es keine gemeinschaftlich finanzierten Einrichtungen wie öffentliche Büchereien, Schwimmbäder oder Sozialversicherungen mehr geben wird. Die Verantwortlichen müssen jedoch besser mit dem Geld haushalten. Die Menschen werden nur noch solche Dinge durch freiwillige Zahlungen finanzieren, die sie selbst für sinnvoll halten. Die Manager solcher Gemeinschaftsprojekte werden in Zukunft nur noch nach Sachkompetenz, nicht mehr nach Parteibuch ausgewählt.

9.3 Dezentrale Nationen

Die Erneuerung des Geldsystems ist an sich schon eine Herkulesaufgabe, doch viele Kryptoprojekte gehen noch darüber hinaus. Einige der in diesem Buch beschriebenen Projekte haben sich die Dezentralisierung weiterer Wirtschaftsbereiche zum Ziel gesetzt. *Safecoin* will sicheren Speicherplatz ohne Zentralgewalt anbieten, *Golem* die dezentrale Nutzung von Rechenleistung. *Augur* schafft Prognosemärkte, die auf der »Weisheit der Vielen« basieren. *Ethereum* will ein Internet ermöglichen, das nicht zensiert und von keiner Macht beherrscht werden kann. *Steem* will soziale Netzwerke so umbauen, dass die Nutzer selbst davon profitieren und nicht die Unternehmen, die mit ihren Daten handeln.

Susanne Tarkowski Tempelhof

Auch viele Dienstleistungen, die bisher Sache des Staates waren, können durch Blockchain-Technologie besser und preisgünstiger angeboten werden. Zahlreiche Start-ups arbeiten zurzeit an blockchainbasierten Grundbüchern, Notardiensten, Ausweisen und vielen anderen Dingen, die Regierungen und Behörden überflüssig machen werden. Am weitesten geht hierbei *Bitnation*, deren Macher Nationalstaaten durch freiwillige Zusammenschlüsse von Menschen auf Basis von Blockchain-Technologie ersetzen wollen.

»Wir sind eine virtuelle Nation, der man nicht durch Geburt, sondern freiwillig beitritt«, sagt Bitnation-Gründerin Susanne

9.3 Dezentrale Nationen

Tarkowski Tempelhof. »Wir bieten viele verschiedene Dienste an, für die man früher glaubte, Regierungen zu brauchen: von der Schlichtung von Rechtsfällen und dem Nachweis der Identität bis hin zu Eheschließungen. All das lässt sich heute über die Blockchain viel effizienter regeln, als es ein staatlicher Bürokratie-Apparat kann.«[79]

Einen ähnlich radikalen Ansatz fährt das Projekt *Internet of People*. Es soll Menschen und ihre mobilen Geräte direkt miteinander verbinden, ohne dass dafür zentrale Server nötig sind. Das vom Argentinier Luis Fernando Molina gegründete Projekt wird mittlerweile von einem Netzwerk sogenannter Chapters in mehr als 70 Ländern weiterentwickelt. Das IoP-Manifest beschreibt gut, worum es bei der »dezentralen Revolution« geht:

»Wir stellen uns eine Welt vor, in der die Menschen frei miteinander elektronisch interagieren können, ohne dass Dritte dabei eingreifen können. Sowohl für soziale als auch für kommerzielle Interaktionen. Kein Ausspionieren, keine Zensur, keine Provisionen auf private Transaktionen, keine Vermarktung privater Daten, keine unnötigen Mittelsmänner. Eine Welt, in der die Menschen wichtiger sind als Firmen oder Staaten.

Wir brauchen die direkte Kommunikation von Gerät zu Gerät, wobei die Daten auf den Endgeräten der Nutzer gespeichert werden. Apps sollen so gebaut sein, dass sie direkt miteinander interagieren können, über das Internet, aber ohne dass sie dafür die Dienste irgendeiner Firma oder Institution in Anspruch nehmen. Wir brauchen Apps für die Kommunikation von Person zu Person, die unabhängig von irgendwelchen höheren Instanzen sind.«[80]

9. Die Crypto-Revolution

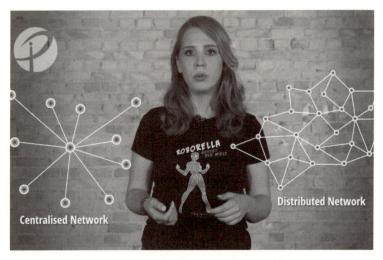

Sarah Klostermair erklärt das »Internet of People«

Die Vordenker der »dezentralen Revolution« wollen ein neues Gesellschaftssystem schaffen, das ohne Mittelsmänner, Torwächter und Kontrolleure auskommt. Sie haben genug von Zensur, Zentralismus und Überwachungsstaat. Die Macht soll nicht mehr bei Regierungen und Großkonzernen liegen, sondern bei jedem einzelnen Menschen. Nicht mehr Zwang soll das Zusammenleben bestimmen, sondern Freiwilligkeit.

Vielleicht haben Sie sich dieses Buch hauptsächlich deshalb gekauft, weil Sie mit Cryptocoins Geld verdienen wollen, und das ist völlig OK. Doch in Cryptocoins steckt ein sehr viel größeres Potenzial. Über die Entwicklungen, die ich in diesem Schlusskapitel kurz angerissen habe, könnte man noch viele weitere Bücher schreiben. Wahrscheinlich werden wir uns in ein paar Jahren verwundert umschauen und es kaum glauben, dass die Menschen früher mit Geld gezahlt haben, das Regierungen und Banken aus dem Nichts erzeugen konnten. Vielleicht müs-

9.3 Dezentrale Nationen

sen wir unseren Kindern und Enkeln dann sogar erklären, was »Regierungen« und »Banken« waren – und dass es einmal große Firmen wie Google oder Facebook gab, die das Internet dominierten, als es noch nicht komplett dezentralisiert war.

Der Autor auf der 20-Millionen-Dollar-Pizza-Party

Wenn Ihnen dieses Buch gefallen hat, können Sie gern an diese Bitcoin-Adresse eine Spende schicken.

Glossar

Altcoins
Ein veralteter Sammelbegriff für alle Cryptocoins außer Bitcoin.

Appcoins
Cryptocoins, die man benötigt, um eine bestimmte Anwendung (*Application*) zu benutzen – im Unterschied zu Bezahlcoins. Siehe Kapitel 6.

ASIC-Miner
Mining-Rechner, die auf speziellen Microchips basieren, welche ausschließlich für das Cryptocoin-Mining gebaut sind. Siehe Abschnitt 6.4.

Bezahlcoins
Cryptocoins, die hauptsächlich für die Bezahlung verwendet werden – im Unterschied zu Appcoins. Siehe Kapitel 4 und 5.

Block
Eine Liste von Cryptocoin-Transaktionen, die mit einem Zeitstempel versehen ist. Aus den Blöcken setzt sich die Blockchain zusammen. Siehe Abschnitte 2.2. und 2.3.

Blockchain
Eine dezentrale Datenbank, die öffentlich zugänglich und im Nachhinein unveränderbar ist. Blockchains sind die Basis aller Cryptocoins. Siehe Abschnitt 2.2.

Blocksize-Debatte
Eine in den Jahren 2015 bis 2017 geführte Debatte, ob und wie sich das Limit von einem Megabyte pro Block in der Bitcoin-Blockchain verändern lässt. Siehe Abschnitt 1.3.

Cryptocoins
Zahlungseinheiten, die auf Verschlüsselungs- und Blockchain-Technologie basieren. Siehe Kapitel 2.

Decentralised Autonomous Organisation (DAO)
Eine neuartige Organisationsform, die auf Smart Contracts beruht. Siehe Abschnitt 7.5.5.

Difficulty
Ein mathematischer Faktor, der in regelmäßigen Abständen aktualisiert wird, um die Erzeugung eines Cryptocoins an die Rechenleistung seines Netzwerks anzupassen. Siehe Abschnitte 2.3. und 7.4.

Hardware Wallet
Ein Gerät, auf dem man die privaten Schlüssel von Cryptocoins speichern kann. Siehe Abschnitt 3.2.3.

Hash
Ein Verschlüsselungsverfahren, das bei Cryptocoins eine zentrale Rolle spielt. Siehe Abschnitt 3.4.

Hashrate
Die Hashrate besagt, wie viele Hashes ein Mining-Rechner (oder ein Netzwerk von Mining-Rechnern) pro Sekunde berechnen kann. Siehe Abschnitt 3.4.

Initial Coin Offering (ICO)
Neuartiges Finanzierungsverfahren von Unternehmen und Projekten. Die Erstausgabe eines Cryptocoins, analog zum Initial Public Offering, dem Börsengang bei Aktien. Siehe Kapitel 1 und Abschnitt 2.10.

Mining
Ein Verfahren, um die Blockchain zu aktualisieren und zu überprüfen, ob Überweisungen den Regeln entsprechen. Die Miner werden für diese Leistung mit neu geschaffenen Coins belohnt. Siehe Abschnitt 2.3.

Mining Pool
Ein Zusammenschluss mehrerer Miner, die gemeinsam nach neuen Blöcken suchen und sich die Einnahmen teilen. Siehe Abschnitt 2.3.

Multi-Signature
Ein Verfahren, bei dem mehrere Schlüssel notwendig sind, um eine Transaktion abzuzeichnen. Siehe Abschnitt 3.1.3.

Multi-Coin-Wallet
Eine Wallet, mit der man mehrere Coins verwalten kann. Siehe Abschnitt 3.1.3.

Node
Ein Knotenpunkt eines Netzwerks. Im Fall von Cryptocoins ein Computer, auf dem die gesamte Blockchain eines Coins gespeichert ist. Siehe Abschnitt 2.2.

Nonce
Eine Zufallszahl, die beim Hashing-Verfahren verwendet wird. Siehe Abschnitt 2.5.

Öffentlicher Schlüssel
Die öffentlichen Schlüssel und die daraus erzeugten Adressen haben bei Cryptocoins eine ähnliche Funktion, wie sie im herkömmlichen System die Kontonummern haben. Man benötigt sie, um jemandem Geld zu überweisen. Siehe Abschnitt 2.1.

Open Source
Eine Methode der Software-Entwicklung, bei der der Quellcode offen zugänglich ist und von jedermann genutzt und weiterentwickelt werden kann. Siehe Abschnitt 2.7.

Paper Wallet
Ein Verfahren, um Cryptocoins sicher zu speichern, indem man ihre Schlüssel auf Papier ausdruckt. Siehe Abschnitt 3.2.2.

Peer-to-Peer (P2P)
In einem Peer-to-Peer-Netzwerk sind alle Teilnehmer gleichberechtigt, sie sind Sender und Empfänger zugleich. Siehe Abschnitt 2.6.

Ponzi Scheme
Ein betrügerisches Verfahren, bei dem scheinbare Gewinne aus Einzahlungen späterer Investoren bestritten werden. Auch Schneeball- oder Pyramidensystem genannt. Siehe Kapitel 8.

Private Schlüssel
Mit den privaten Schlüsseln werden Transaktionen signiert. Sie verschaffen den Zugang zu den eigenen Cryptocoins und sollten niemals an Dritte weitergegeben werden. Siehe Abschnitt 2.1.

Proof of Work
Ein Verfahren, das viele Cryptocoins für die Erstellung neuer Blöcke nutzen. Siehe Abschnitt 2.4.

Satoshi Nakamoto
Der sagenumwobene Erfinder von Bitcoin und der Blockchain-Technologie. Siehe Abschnitt 4.1.

Seed Key
Ein kryptographischer Schlüssel, aus dem man andere Schlüssel generieren kann. Er wird zur Datensicherung für Wallets benutzt. Siehe Abschnitt 3.2.1.

Smart Contract
Ein Computerprogramm, das Vertragsverhältnisse automatisiert. Siehe Abschnitte 2.9. und 6.1.

Token
Ein »digitaler Jeton«, der einen Wert repräsentiert. Im Unterschied zu echten Cryptocoins mit eigener Blockchain nutzen Tokens eine bestehende Blockchain wie z. B. die von Ethereum oder Bitcoin. Siehe Abschnitt 2.10.

Trading Bot
Ein Computerprogramm, das nach vorgegeben Kriterien Assets wie zum Beispiel Cryptocoins kauft und verkauft. Siehe Abschnitt 3.3.4, sowie 7.2 und 7.3.

Wallet
Eine Software, mit der man Cryptocoins halten, senden und empfangen kann. Siehe Abschnitt 3.1.

Bildnachweis

S. 9: Prof. Thorsten Polleit
S. 17: Coinmarketcap.com
S. 20: Liam McMullan
S. 20: Liam McMullan
S. 20: Liam McMullan
S. 21: Brock Pierce
S. 23: Liam McMullan
S. 23: Liam McMullan
S. 24: Liam McMullan
S. 25: kasto Fotolia
S. 28: Diego Gutiérrez Zaldivar
S. 32: Bitfilm Production
S. 34: Bitfilm Production
S. 36: Bitfilm Production
S. 41: Bitfilm Production
S. 46: Creative Commons
S. 49: elenabsl Fotolia
S. 49: fotomek Fotolia
S. 53: Bitfilm Production
S. 57: Bitfilm Production
S. 61: Bitcoin Paper Wallet
S. 63: Satoshi Labs

S. 65: Anastasya Stolyarov
S. 68: Bittrex
S. 71: Shapeshift
S. 73: Shapeshift
S. 74: alexlmx Fotolia
S. 77: Bitcoinblog
S. 79: Creative Commons
S. 80: Coinmarketcap.com
S. 82: Coinmarketcap.com
S. 84: Coinmarketcap.com
S. 87: Blockchain.info
S. 90: Coinmarketcap.com
S. 91: Coinmarketcap.com
S. 94: Dash Force
S. 95: Dash: Detailed
S. 97: Coinmarketcap.com
S. 100: Monero
S. 103: Coinmarketcap.com
S. 105: NEM
S. 106: Coinmarketcap.com
S. 111: Brixton Pound
S. 112: Auroracoin

Bildnachweis

S. 114: Coinmarketcap.com
S. 116: Scotcoin
S. 117: Gulden
S. 118: Coinmarketcap.com
S. 119: Colu
S. 120: Colu
S. 121: Colu
S. 122: Cointelegraph
S. 123: Colu
S. 125: Ethereum Foundation
S. 128: Coinmarketcap.com
S. 130: Maidsafe
S. 132: Coinmarketcap.com
S. 133: Golem Network
S. 135: Coinmarketcap.com
S. 136: Augur
S. 138: Coinmarketcap.com
S. 139: Steem Inc.
S. 140: Bitfilm Production
S. 143: Bitfilm Production
S. 144: Coinmarketcap.com
S. 147: Bitfilm Production
S. 148: Freepik/Aaron Koenig
S. 154: Genesis Mining
S. 164: Freepik/Aaron Koenig
S. 169: aarisham Shutterstock
S. 171: sdecoret Fotolia
S. 172: Moe Levin
S. 173: apoint Fotolia
S. 176: Bitnation
S. 178: Bitfilm Production
S. 179: Liam McMullan

Danksagungen

Boris Adloff, Brock Pierce, Christoph Bergmann, Christoph Weber, Diego Gutiérrez Zaldivar, Elisabeth Becker, Fernando Bresslau, Gil Assayag, Liam McMullan, Macarena Gonzalez Costa, Manfred Fohringer, Margaux Avedisian, Maria Jones, Markus Milacek, Marten Kracke, Patrick Pohl, Rene Flexl, Rodolfo Andragnes, Sarah Klostermair, Titus Gebel, Thomas Ringer.

Anmerkungen

1. Satoshi Nakamoto: Bitcoin Whitepaper https://bitcoin.org/bitcoin.pdf
2. Bitcoin – Geld ohne Staat, FinanzBuch Verlag München, 2015.
3. Henry Ford, zitiert nach Brainy Quote https://www.brainyquote.com/quotes/quotes/h/henryford136294.html
4. Bitcoin – Geld ohne Staat, FinanzBuch Verlag München, 2015.
5. Friedrich August von Hayek: The Denationalisation of Money, Institute of Economic Affairs, London, 1976.
6. Nach dem Höchststand im Juni 2017 sind die Kurse vieler Cryptocoins wieder leicht gesunken. Aktuelle Kurse finden Sie bei: http://www.coinmarketcap.com
7. World Economic Forum: http://www3.weforum.org/docs/WEF_GAC15_Technological_Tipping_Points_report_2015.pdf
8. Dabei nehmen wir der Einfachheit halber an, dass das weltweite GDP beim gleichen Wert von 101 Billionen US-Dollar liegt wie heute, obwohl es vermutlich höher sein wird.
9. https://bitcointalk.org/index.php?topic=137.0
10. http://bitcoinwhoswho.com/blog/2016/01/30/a-living-currency-an-interview-with-jercos-party-to-first-bitcoin-pizza-transaction/
11. http://spectrum.ieee.org/computing/networks/the-worlds-first-bitcoin-conference
12. James Prestwich, Interview mit dem Autor, Mai 2017.
13. Rodolfo Andragnes, Interview mit dem Autor, Mai 2017.
14. https://medium.com/@DCGco/bitcoin-scaling-agreement-at-consensus-2017-133521fe9a77
15. http://www.coinmarketcap.com
16. Diego Gutiérrez Zaldivar, Interview mit dem Autor, Mai 2017.
17. http://historyofbitcoin.org/
18. Zur Vereinfachung benutze ich im Folgenden die Begriffe »Adresse« und »öffentlicher Schlüssel« synonym, auch wenn das kryptografisch nicht ganz korrekt ist.
19. Chaum, D.; Fiat, A. & Naor, M. S. Goldwasser, ed. »Proceedings on Advances in Cryptology (Santa Barbara, California, United States)«, Springer-Verlag, New York, 1990.

Anmerkungen

[20] Wer das mit einem Hash-Kalkulator selbst ausprobieren möchte, kann das hier tun: http://www.xorbin.com/tools/sha256-hash-calculator

[21] http://historyofbitcoin.org/

[22] Satoshi Nakamoto, zitiert nach: http://www.p2pfoundation.net/bitcoin

[23] http://www.coinmarketcap.com

[24] http://historyofbitcoin.org/

[25] https://www.federalreserve.gov/faqs/currency_12773.htm

[26] https://blockchain.info/charts/hash-rate?timespan=all

[27] https://blockchain.info/de/charts/difficulty?timespan=all

[28] https://github.com/bitcoin/bips/blob/master/README.mediawiki

[29] https://decentralize.today/segregated-witness-explained-like-im-5-c00a8994e-a7c

[30] https://en.bitcoin.it/wiki/Lightning_Network

[31] http://coinmarketcap.com

[32] http://www.newsbtc.com/2015/11/17/the-death-of-litecoin-boom-bust-and-self-destruction/

[33] Charles Lee, zitiert nach: http://www.coindesk.com/litecoin-founder-charles-lee-on-the-origins-and-potential-of-the-worlds-second-largest-cryptocurrency/

[34] Ryan Taylor, Interview mit dem Autor, Mai 2017.

[35] http://dashdetailed.com/

[36] Ryan Taylor, Interview mit dem Autor, Mai 2017

[37] Roger Ver, zitiert nach: https://www.fxinter.net/en/free-realtime-forex-news.aspx?ID=171214&direct=New%20digital%20currency%20spikes%20as%20drug%20dealers%20get%20more%20secrecy

[38] Roger Ver, zitiert nach: https://www.fxinter.net/en/free-realtime-forex-news.aspx?ID=171214&direct=New%20digital%20currency%20spikes%20as%20drug%20dealers%20get%20more%20secrecy

[39] Riccardo Spagni, zitiert nach: https://cointelegraph.com/news/monero-developer-riccardo-spagni-monero-is-still-in-make-it-work-phase

[40] Lon Wang, Interview mit dem Autor, Mai 2017

[41] http://www.coinmarketcap.com

[42] http://www.investopedia.com/news/what-auroracoin/

[43] Baldur Friggjar Óðinsson, zitiert nach: https://web.archive.org/web/20140318171342/http://www.forexminute.com:80/litecoin/auroracoin-vs-icelandic-government-24942

44 http://allcoinsnews.com/2016/03/09/icelands-auroracoin-moves-from-litecoin-to-digibyte-codebase/

45 http://www.coinmarketcap.com

46 http://kernelmag.dailydot.com/issue-sections/features-issue-sections/11331/auroracoin-history-failure/

47 http://www.coindesk.com/icelandic-parliament-committee-holds-closed-session-discuss-auroracoin/

48 Rijk Plasman, zitiert nach: https://cointelegraph.com/news/all-that-glitters-is-gulden-dutch-cryptocurrency-boasts-impressive-adoption

49 Rijk Plasman, zitiert nach: https://cointelegraph.com/news/all-that-glitters-is-gulden-dutch-cryptocurrency-boasts-impressive-adoption

50 Mark Smargon, Interview mit dem Autor, Mai 2017.

51 Mark Smargon, Interview mit dem Autor, Mai 2017.

52 Amos Meiri, zitiert nach: http://www.telegraph.co.uk/travel/destinations/europe/united-kingdom/england/liverpool/articles/liverpool-gets-its-own-digital-currency/

53 Amos Meiri, zitiert nach: http://www.telegraph.co.uk/travel/destinations/europe/united-kingdom/england/liverpool/articles/liverpool-gets-its-own-digital-currency/

54 Vitalik Buterin, zitiert nach: http://forklog.net/vitalik-buterin-about-ethereum-smart-contracts-and-himself/

55 http://www.coinmarketcap.com

56 http://www.coinmarketcap.com

57 Nick Lambert, Interview mit dem Autor, Mai 2017.

58 Nick Lambert, Interview mit dem Autor, Mai 2017.

59 http://www.coinmarketcap.com

60 Julian Zawistowski, zitiert nach: https://blog.wetrust.io/an-interview-with-julian-zawistowski-founder-and-ceo-of-golem-c463f5404855

61 http://www.coinmarketcap.com

62 James Surowiecki: The Wisdom of Crowds – Why the Many Are Smarter Than the Few and How Collective Wisdom Shapes Business, Economies, Societies and Nations, Doubleday, New York, 2004.

63 Joey Krug, zitiert nach: https://www.ethnews.com/augur-co-founder-joey-krug-awarded-thiel-fellowship

64 http://www.coinmarketcap.com

65 Ned Scott, zitiert nach: https://coinreport.net/conversation-ned-scott-ceo-steemit/

66 http://www.coinmarketcap.com
67 http://www.coinmarketcap.com
68 http://www.coinmarketcap.com
69 http://www.coinmarketcap.com
70 Anatoliy Knyazev, Interview mit dem Autor, Mai 2017.
71 Anatoliy Knyazev, Interview mit dem Autor, Mai 2017.
72 Jan Brzezek, Interview mit dem Autor, Juni 2017.
73 https://cryptoinsider.com/move-vc-icos-crypto-token-sales-raising-tens-millions-dollars-hours/
74 Brock Pierce, auf einem Panel des Token Summit, New York City, Mai 2017.
75 Tim Mitja Žagar, Interview mit dem Autoren, Mai 2017.
76 http://www.cnbc.com/2016/05/17/automated-company-raises-equivalent-of-120-million-in-digital-currency.html
77 http://www.sueddeutsche.de/wirtschaft/ermittlungen-wegen-betrugs-bei-onecoin-krimi-ums-kryptogeld-1.3497604
78 Moe Levin, zitiert nach https://www.facebook.com/moelevin/posts/10208716613107134
79 Susanne Tarkowski Tempelhof, Interview mit dem Autor, Mai 2017.
80 Internet of People http://www.fermat.org/internet-of-people-project/

Wenn Sie **Interesse** an **unseren Büchern** haben,

z. B. als Geschenk für Ihre Kundenbindungsprojekte, fordern Sie unsere attraktiven Sonderkonditionen an.

Weitere Informationen erhalten Sie bei unserem Vertriebsteam unter +49 89 651285-154

oder schreiben Sie uns per E-Mail an:

vertrieb@finanzbuchverlag.de